ハンドブック
独立役員の実務

神田秀樹 監修
株式会社 東京証券取引所 編著

商事法務

監修のことば

　東京証券取引所は、平成21年12月に独立役員制度を導入しました。この制度は、上場企業に対して、自社の社外役員のなかから一般株主と利益相反が生じるおそれのない者を1名以上確保し、独立役員として東京証券取引所に届け出るという制度です。その後、この制度は本年5月に一部改正され、今日に至っています。

　近年の証券市場におけるさまざまな出来事や内外の投資家の声にかんがみると、上場企業における独立役員に対する期待と独立役員の役割の重要性はますます高まってきています。その一方で、独立役員は具体的に何をしたらよいのかという声もよく聞くようになってきました。

　本書は、こうした状況を受けて、独立役員の皆様に対して、独立役員に期待される役割について述べるとともに、実際の上場企業の意思決定の局面において、具体的にどのような点に留意し、どのような行動をとることが求められるかについて、その背景となる考え方にも言及しながら、述べたものです。

　本書で述べられていることが独立役員の皆様によって共有され、我が国の上場企業の健全性の確保と繁栄に貢献し、我が国の証券市場、そして我が国の企業社会と経済の一層の発展に役立つことを期待します。

平成24年10月

東京大学教授　神田秀樹

はしがき

　上場会社には、個々の株主としては持分割合が少なく、単独では会社の経営に有意な影響力を持ち得ない株主（一般株主）が多数存在し、株式の流通市場を通じた売買によって日々変動しています。このような株主が存在し、市場に流動性を供給することによって、上場会社は様々なメリットを享受していますが、上場会社の経営において、一般株主への配慮は失われやすい傾向があります。

　しかしながら、上場会社を取り巻く多様な利害関係者の中でも、一般株主は上場会社の企業価値が向上することでしか利益を得ることができない特別な利害関係者ですので、その利益が尊重されることは、上場会社の経営において、基本的でかつ不可欠なことです。

　株式会社東京証券取引所（東証）では、一般株主の利益保護の重要性を踏まえ、その上場制度において、すべての上場会社が備えるべきコーポレート・ガバナンスの枠組みとして、「独立役員」、すなわち、一般株主と利益相反の生じるおそれのない社外役員（社外取締役又は社外監査役）を各社1名以上確保することを求めています。しかしながら、独立役員制度の実効性を高め、その目的である一般株主の利益保護を図るためには、実際の上場会社における意思決定の局面において、独立役員が具体的な行動を起こすことが重要です。

　この「ハンドブック 独立役員の実務」は、独立役員制度の実効性向上策の一環として、独立役員の皆様に、期待される役割をご確認いただくとともに、その役割を果たすために具体的にどのような点に留意すべきかといった事項を、その背景となる考え方も含めてとりまとめたものです。

本書は総論と各論で構成され、総論編では独立役員の位置づけや基本的な視点を、各論編では取締役会の議案ごとに一般株主の視点やチェックリストを示し、解説を加えています。

　もっとも、独立役員の具体的な職責は、他の役員との役割分担の状況や上場会社の規模や業態によって異なり、当該独立役員の方が社外取締役であるか社外監査役であるかといった事情にも左右されますので、仮にまったく同じ状況であったとしてもなお、その職責の果たし方には様々なアプローチがあり得ます。各論編は、あくまで視点や考え方を確認するためのひとつの例としてご参照いただくことを想定しています。

　紙面の多くを初歩的な事項に割いていますので、現実により高い水準で執務に取り組まれている独立役員の方にとっては物足りなく感じられるかもしれません。しかし、独立役員にまず求められるのは、専門的な指摘や高度な議論ではなく、社内常識や暗黙の了解にとらわれずに素朴な疑問を提示することです。高度な知見と豊富な経験を備えている方におかれましても、本書を手に取り、基本を再確認していただければ幸いです。

　本書の執筆にあたっては、多くの上場会社関係者や学識経験者、長島・大野・常松法律事務所をはじめとする実務関係者から貴重なご示唆を賜りました。そして、本書の刊行にご尽力いただいた株式会社商事法務書籍出版部の川戸路子氏に厚く御礼申し上げます。

　本書が独立役員の皆様の活動の一助となれば幸いです。

平成 24 年 10 月

株式会社東京証券取引所

目　次

監修のことば　　　i
はしがき　　　iii

総論編
  1　独立役員に期待される役割……………………………………2
  2　独立役員として留意すべき事項………………………………5
  3　独立役員に関するQ&A………………………………………10

各論編
  各論編の読み方……………………………………………………26
  1　取締役選任議案の決定…………………………………………28
  2　代表取締役の選定………………………………………………40
  3　役員報酬プランの策定…………………………………………46
  4　経営目標の設定及び業績報告…………………………………54
  5　新規事業への参入………………………………………………64
  6　M&Aその他事業再編…………………………………………70
  7　買収防衛策………………………………………………………78
  8　新株発行等による資金調達……………………………………84
  9　借入れによる資金調達…………………………………………92
  10　剰余金の処分……………………………………………………98
  11　取締役の利益相反取引………………………………………108
  12　支配株主との取引……………………………………………114
  13　MBOその他の非公開化……………………………………122
  14　不祥事発覚時の対応…………………………………………128

資料編
  1　独立役員に期待される役割…………………………………136
  2　関連条文………………………………………………………142
  3　上場会社コーポレート・ガバナンス原則…………………146

総論編

総論編

1 独立役員に期待される役割

　独立役員制度とは、株式市場において流動性の供給など重要な役割を果たし、上場会社にとって不可欠な利害関係者となっている「一般株主」の利益を適切に保護することを目的として導入された制度です。この制度に基づき、上場会社は、自社の社外役員の中から一般株主と利益相反が生じるおそれのない者を1名以上確保し、独立役員として東証に届け出ることが義務づけられています。

　上場会社によって独立役員に指定された社外役員には、上場会社のためにその重要な利害関係者である一般株主の利益を適切に保護するための行動をとることが期待されます。東証の上場制度整備懇談会が平成22年3月にとりまとめた「独立役員に期待される役割」では、以下のように述べられています。

> 独立役員には、上場会社の取締役会などにおける業務執行に係る決定の局面等において、一般株主の利益への配慮がなされるよう、必要な意見を述べるなど、一般株主の利益保護を踏まえた行動をとることが期待されている。

　「一般株主の利益保護を踏まえた行動をとる」といっても、独立役員は具体的にどういう行動をとればよいでしょうか。また、独立役員がとるべき行動は、他の取締役や監査役のとるべき行動とは異なるものでしょうか。

　一般に、上場会社の企業活動は、持続的に収益を上げ、企業価値を高めることを主要な目的として行われるものであり、一般株主は企業価値が高まることでリターンを得ますので、一般株主の利益と上場会社の利

益は一致するのが通常です。上場会社の取締役や監査役は、会社の事業目的の遂行を通じた企業価値の向上という観点を踏まえた行動をとることが基本であり、それは独立役員についても同様です。独立役員だけが、何か特別な義務を負うというわけではありません。

　しかしながら、社内取締役は社長の指揮のもと自らが主体となって業務を推進する立場にもあるのが通例であり、客観的な立場から株主にとっての企業価値の向上という観点を踏まえて行動することを常に期待することは困難です。そこで、そうした役割は、社外取締役に期待されるのが世界の趨勢ですが、日本では上場会社との間で重要な取引関係などを有する場合でも社外取締役になることができますので、社外取締役であっても客観的な視点を保つのが難しいことがあります。そうした中で、上場会社の一般株主は、個々の持分比率が少ないことなどから会社の経営に対する影響力は弱く、会社の経営における多様な利害関係者との利害調整において、その利益に対する配慮が適切になされにくい構造があります。

　そこで、一般株主の利益が適切に保護されるためには、取締役会などの上場会社の意思決定プロセスにおいて、一般株主の利益保護のために積極的に行動する者が確保される必要があります。この役割を担っていただくために設けた仕組みが独立役員制度ですが、こういった行動の必要性は、経営者による企業買収（MBO）や、買収防衛策の導入、第三者割当増資など、上場会社の経営者と一般株主との間の利害の相違が顕在化する局面においてはさらに強まります。

　独立役員の法的な権限や責任は他の社外取締役や社外監査役と比べて特別なものではありませんので、独立役員であろうとなかろうと、会社の事業目的の遂行を通じた企業価値の向上という観点を踏まえた行動をとることが基本であることに変わりはありません。ただ、独立役員は、上場会社によって一般株主の利益を適切に保護するという役割を任され

たのですから、一般株主の利益に配慮した公平で公正な決定がなされるよう、発言機会を求めたり、質問や確認を行ったり、問題点の指摘を行ったりするなど、一般株主の利益保護のために積極的に行動することが期待されています。

　以上を敢えてひとことでまとめれば、独立役員とは、社外取締役・社外監査役の中から会社によって選ばれた一般株主の利益を代弁する係のことだ、ということができます。

2 独立役員として留意すべき事項

　独立役員が、上場会社の取締役会などにおいて、一般株主の利益保護のために行動することが必要であるとして、具体的にはどのような点に留意しなければならないでしょうか。個別の取締役会議案に関して留意すべき事項については、**各論編**で詳しく解説しますが、ここでは一般的な留意点について、主なものを紹介します。

(1) 一般株主の利益に対する配慮が十分に行われているか

　独立役員には、上場会社における意思決定の局面において、一般株主の利益に対する配慮が十分に行われているか、そうした問題意識が取締役会に出席するすべての役員（取締役又は監査役）に共有された上で経営判断が行われているか、といった観点から判断し、行動することが求められます。

　例えば、設備投資などの新規投資の意思決定の局面であれば、その新規投資の決定が上場会社の企業価値の向上という視点から客観的に見て合理的なものであるかという観点を考慮して判断することが求められます。

　この場合、株式市場における投資者でもある一般株主にとっての企業価値とは、理論的には、上場会社が将来生み出すキャッシュフローの現在価値の総和であり、それを向上させるためには、資本コストと呼ばれる投資者の期待を上回る利益を上げることが必要です。

　そのような一般株主の視点から見ると、その新規投資によって新たに生まれる利益が資本コストを上回ることができるかという点が基本です。しかし、このような「株主から見てどう見えるのか」という視点は、

社内の役員だけの検討では配慮が薄くなることも多くあります。そこで、独立役員が質問や確認を行い、経営陣に対して説明を求め、場合によっては再検討を促すことで、一般株主の利益という観点を考慮した経営判断が行われるようにすることが独立役員に求められる重要な役割のひとつとなります。

　また、独立役員がこうした問題提起を継続して行うことで、取締役会で一般株主の視点が考慮されることが常態になり、また、それが浸透することで、上場会社の日々の業務執行における意思決定においても同様の視点を考慮して判断をすることにもつながります。これにより、結果として会社の事業目的の遂行及び企業価値の向上という視点から見て合理的な意思決定が全社的に行われることが期待されます。

(2)　必要な情報が十分に提供されているか

　上場会社の意思決定の局面において、一般株主の利益に対する配慮がなされるためには、そういった観点での評価に必要な情報があらかじめ十分に提供されていることが重要です。

　一般株主の利益に対する配慮が十分になされているかという観点で議案を評価するための情報が、取締役会の資料など意思決定の際に参考とする資料で不足しているようであれば、独立役員は、不足している情報について質問や確認を行うことで、十分な情報が提供された上で、上場会社の意思決定がなされるように行動することが求められます。また、独立役員がこうした質問や確認を行うことで、次回以降の取締役会資料などにあらかじめ必要な情報が掲載されることにもつながると考えられます。

　先ほど例として挙げた設備投資などの新規投資の意思決定の局面であれば、その新規投資の決定が上場会社の企業価値の向上という視点から見て合理的なものであるかを考慮するためには、典型的には、その新規

投資によって新たに生み出される利益がどれくらいになることを計画しているのかといった情報や、それは上場会社の資本コストを上回るものであるのかといった情報が必要となります。

例えば、設備投資後の利益計画における利益やキャッシュフローが株主の求める資本コストを上回るのかどうかについての情報が欠けているような場合には、説明を求めることが考えられます。また、計画上の利益やキャッシュフローが資本コストを上回るような見通しが提供されているような場合であっても、売上高の成長率などの計画の前提条件が過度に楽観的で、その実現性に疑問があるような場合は、計画の前提条件について説明を求めたりすることが考えられます。

こういった質問や確認を通じて、一般株主の利益に対する配慮がなされるために十分な情報が提供された上で上場会社の意思決定がなされることを確保することは、独立役員に求められる重要な役割のひとつです。

なお、役員の責任との関係においても、情報収集は重要です。

役員の責任についての司法審査の手法は一様ではありませんが、「実際に行われた取締役の経営判断そのものを対象として、その前提となった事実の認識について不注意な誤りがなかったかどうか、また、その事実に基づく意思決定の過程が通常の企業人として著しく不合理なものでなかったかどうかという観点から審査を行うべき」と述べた裁判例もあります。ここでは経営判断それ自体の妥当性については「著しく不合理か否か」を問題にしているのに対し、その前提となった事実の認識については単なる「不注意な誤り」を問題にしていますので、経営判断それ自体よりも、それに先立つ情報収集について特に慎重な対応が求められています。

つまり、こういった質問や確認を行うことは、経営陣を守ることにもつながります。

(3) 一般株主の声や期待の理解

　独立役員には、一般株主の視点を理解して行動するため、平常から一般株主の声や期待に対する感度を高く保つよう努めることが望まれます。

　具体的には、上場会社と投資家とのミーティング（決算説明会等）に同席するなどして投資家の要望を直接的に把握したり、IR活動の状況について会社から定期的なフィードバックを受けるなどして、投資家の要望を間接的に把握したりすることが考えられます。

　また、株式会社は、対外的経済活動で利益を得て、これを構成員である株主に分配することを基本的な仕組みとしており、一般的には、株主は、上場会社が事業活動を通じて得た利益の一部を配当やキャピタルゲインの形で受け取ることを目的として、上場会社に資金を投じています。したがって、一般株主の視点を理解するためには、投資理論の基礎であるファイナンス理論を理解することが有用と考えられます。

(4) 独立役員が機能するための環境整備

　独立役員が一般株主の利益保護という役割を適切に果たすためには、上場会社の他のすべての役員、業務執行者においても、独立役員に期待される役割を十分に理解し、独立役員への適時適切な情報伝達体制の整備や社内部門との連携、補助する人材の確保といった独立役員制度が機能するための体制を整備することが不可欠です。独立役員には、上場会社がこうした体制を整備するよう促していくことも求められており、上場会社としてもあらかじめ（独立役員からの求めがあった場合にはこれに応じて）こうした体制を整備することが求められています。

　こういった体制整備については、全上場会社に一律に望ましい体制があるというものではなく、各上場会社において、自社のコーポレート・ガバナンスに関する基本的な考え方を踏まえて、各社が創意工夫するべ

きものと考えられます。

　具体的な取組みの例としては、以下のようなことが考えられます。

- ▶ 独立役員が取締役会における決議案件や重要な報告事項を十分に理解した上で、一般株主の利益保護を踏まえた適切な行動をとることができるようにする観点から、独立役員に対して取締役会での決議案件や重要な報告事項をあらかじめ十分に説明しておくこと
- ▶ 独立役員が一般株主の利益保護を踏まえた適切な行動をとるにあたって、それを支える人材・体制を確保する観点から、上場会社の内部監査・内部統制部門と適時適切に情報交換を行い、適切な連携を図っていくこと
- ▶ 独立役員が連携してその役割を適切に果たす観点から、独立役員が複数指定されている場合には、独立役員間の定期的なミーティング等の意見交換機会を確保すること
- ▶ 独立役員への適時適切な情報伝達や社内部門との連携、円滑なコミュニケーションを図る観点から、独立役員と他の社外役員、監査役、会計監査人、経営者との定期的なミーティング等の意見交換機会を確保すること

3 独立役員に関するQ&A

以下では、本書を読み進めるにあたって前提となる知識・理解をQ&A方式で記載します。

Question

会社を取り巻く多くの利害関係者の中で、特に一般株主の利益を代弁する者が必要とされるのはなぜですか。

Answer

会社には多くのステークホルダー（利害関係者）がいます。株主、債権者、取引先、従業員、顧客などです。これらのうち、株主はふたつの点で他のステークホルダーと大きく異なっています。

第一に、特に株主は会社に対する交渉力がありません。株主は会社に対する義務を出資という形ですでに果たしてしまっていて、あとは会社が配当金などを支払ってくれるのを待つだけなのですが、他のステークホルダーは、例えば代金が支払われなければ品物を納入しないといった形で会社に対する交渉力を持っています。

第二に、株主が出資に対する見返りを受け取ることが確保されていません。会社が解散しない限り、残余財産は分配されませんし、配当や値上がり益も会社が利益を上げなければ得られませんが、他のステークホルダーは、例えば品物を納入すれば代金を受け取ることが確保されています。

以上はすべての株主に共通する点ですが、そうした問題があるからこ

そ、株主には会社の最高意思決定機関である株主総会における議決権が与えられています。したがって、支配株主であったり、大株主であったりすれば、そうした力を背景に会社の経営陣に影響を及ぼすことが可能です。しかし、一般株主は、そういった形で影響を及ぼすこともできません。

　一般株主は会社にとって不可欠の存在でありながら、上記の理由でその利益に対する配慮が不足しやすい構造があるため、その利益を代弁する者が必要となります。

Question

　独立役員は一般株主の利益を代弁するそうですが、「一般株主」とは、誰のことですか。個人株主のことですか。機関投資家はプロだから含まれませんか。

Answer

　一般株主という言葉に厳密な定義があるわけではありませんが、東証では、市場での売買によって常に流動する可能性がある株主で、経営に対する有意な影響力を持ち得ない少数株主を指す用語として用いています。その株主が会社を支配することができるほどの大株主であれば別ですが、そうでない限りは、個人株主に限定するものではなく、機関投資家も「一般株主」に該当するものと考えています。

Question

一般株主は、上場会社にしかいないのですか。

Answer

上場会社でなくとも経営に対する有意な影響力を持ち得ない少数株主は存在することがあります。もっとも、市場での売買によって常に流動する可能性があるという特徴を備えている株主は、上場会社にしか存在しないといえるでしょう。

Question

一般株主の利益とは、具体的には誰の利益ですか。

Answer

一般株主の利益は、ある特定の株主の利益を指すものではありません。

一般株主は、株主としての利害関係を除けば会社との間には一切の利害関係がなく、企業価値の向上によってしか利益を得ることができませんので、その利益はどの株主とも共通する利益であり、株主共同の利益と言い換えることができます。

上場会社の企業活動は企業価値の向上を目的として行われるのが通常ですので、一般株主の利益は、通常の場合、会社の純粋な利益と一致します。

3 独立役員に関するQ&A

Question

「企業価値」は測定可能ですか。測定可能であるとして、その測定方法にはどのようなものがありますか。

Answer

「企業価値は金額では測れない」という考え方もありますが、企業が「企業価値」の「向上」を目指すなら、それを数値で計測できなければ企業行動は曖昧なものになってしまいます。資本市場は株価という形で企業価値を計測する場でもありますので、もし上場会社が企業価値は計測できないという立場をとれば、企業と市場では対話すら成り立ちません。つまり、「企業価値は計測できる」という立場をとることが、資本市場と向き合い、一般株主の利益に配慮するための最初の約束事になります。

これに対し、上場会社にとっては時価総額こそが企業価値そのものだという考え方もあります。もっとも、近年のいわゆるリーマンショックや欧州ソブリン危機の例を見れば明らかなように、時価総額は外部事情に左右される側面を持っていますし、上場会社の市場に対する情報開示が十分でなければ、あるいは開示された情報を評価し分析する市場の機能が十全でなければ、過大評価や過小評価をされることがあります。

そこで、企業内部において経営の指標として企業価値を用いるときは、時価総額とは別の測定方法によるのが一般的です。測定方法には様々な手法がありますが、「企業が将来生み出すキャッシュフローの流列の現在価値の総和」であるディスカウント・キャッシュ・フロー法（DCF）が多く用いられています。

なお、2008年6月に経済産業省の企業価値研究会が公表した「近時の諸環境の変化を踏まえた買収防衛策の在り方」と題する報告書には、以下のような記述があります。

総論編

> 〔筆者注：経済産業省及び法務省が 2005 年 5 月 27 日に公表した「企業価値・株主共同の利益の確保又は向上のための買収防衛策に関する指針」〕においては、「企業価値、ひいては、株主共同の利益」を単に「株主共同の利益」と呼んでおり、本報告書においても、この用語を踏襲する。ただし、「指針」及び本報告書における「企業価値」とは、概念的には、「キャッシュフローの割引現在価値」を指すことを確認しておく。この概念を恣意的に拡大して、「指針」及び本報告書を解釈してはならない。

Question

会社の利益と一般株主の利益とは、どこが違うのですか。

Answer

一般株主の利益と会社の利益は基本的には同一となります。

ただし、ごく稀に会社の利益が一般株主の利益と一致しないこともあります。例えば、少数株主をキャッシュアウトするような局面では、少数株主に支払う現金の額を増やすことは、少数株主である一般株主の利益とはなりますが、会社からより多くの現金を流出させることとなりますので、会社の利益にはつながらないことになります。

Question

他の役員も、一般株主の利益を代弁すべきではないですか。

Answer

上場会社のすべての取締役や監査役は、企業価値を高めるために株主

の負託を受けているのですから、独立役員であるか否かにかかわらず、一般株主の利益に配慮して上場会社の意思決定に参加することが求められます。

しかしながら、社内取締役は社長の指揮のもと自らが当事者となって様々な利害関係を調整しながら業務執行を推進する立場にあるのが通常ですから、客観的な立場で企業価値の向上を常に意識して行動することは期待できません。また、上場会社との間で重要な取引関係などを有する社外取締役についても同様です。そして、上場会社の一般株主は、会社の経営に対する影響力は弱いため、その利益に対する配慮が適切になされないおそれがあります。

そこで、取締役会などの上場会社の意思決定プロセスにおいて、客観的に一般株主の視点から意見を述べられる者が確保される必要があり、それが独立役員なのです。

Question

独立役員は、一般株主以外のステークホルダーの利益を考えなくてもいいのですか。

Answer

上場会社が事業活動をしていく上では、取引先や従業員、地域社会など一般株主以外のステークホルダーの協力が不可欠であり、それなくして持続的に収益を上げて企業価値を高めることはできません。したがって、会社はこれらのステークホルダーの利益に配慮することが必要です。

しかしながら、個々の局面において一般株主を含むステークホルダー間の利害は対立することがあります。そのような場面において、一般株主以外のステークホルダーには自ずと一定の配慮がなされることが期待

総論編

できますが、一般株主の利益は十分に勘案されないおそれがあります。ここに独立役員が関与することで、すべてのステークホルダーの利益を勘案した上での意思決定を確保することが求められます。

> **Question**
> 独立役員は社外取締役か社外監査役の中から上場会社が1名以上選ぶそうですが、どうして独立役員は、社外役員の中から選ぶのですか。

Answer

独立役員は、取締役会などにおいて一般株主の利益を代弁することが期待されるため、客観的な立場から株主共同の利益を考えて行動できるよう、経営陣や他のステークホルダーからの影響を受ける者であってはなりません。社内役員は、社長の指揮命令のもとで業務執行を行う立場にあるのが通例ですので、どうしても社長の影響を受けやすくなります。そこで、独立役員制度では、社長の影響を受けにくい社外役員の中から、より厳格な独立性の要件をクリアした者だけを独立役員として指定できることにしているのです。

> **Question**
> 独立役員の法的な権限や責任は、他の社外役員と違うのですか。

Answer

独立役員は、一般株主の利益保護のために発言し、行動するという重要な役割を期待されていますが、会社法上の地位は、あくまで社外取締

役又は社外監査役ですので、その法律上の権限や責任は一般の社外取締役又は社外監査役と同じです。

Question

独立役員に独自の役割を期待されても、独自の権限がないと無理ではないですか。

Answer

独立役員に期待される役割は、特別なものではありません。一般株主の利益に配慮して上場会社の意思決定に参加することは、本来は上場会社のすべての役員に求められる行動であり、独立役員は最適任者として指名された、いわば「一般株主係」と考えることができます。独立役員が社外取締役か社外監査役かで法律上の権限は異なりますが、それぞれの権限の範囲内でできることは数多くあります。

Question

社外役員は誰でも独立役員になれるわけではないそうですが、社外役員が独立役員になるには、どういう制限があるのですか。

Answer

独立役員は、会社法上の社外役員の中でさらに一定の独立性の要件を満たした者がなることができますが、その独立性の要件には、大きく分けるとふたつの要素があります。

ひとつ目は、経営陣から著しいコントロールを受けないことです。社外役員は、会社の従業員や業務執行役員であったことがない者ですが、

それに加えて、下請け会社の役員・従業員などは会社の経営陣の意向に逆らいにくく、経営陣からのコントロールを受けやすくなります。

ふたつ目は、経営陣に対して著しいコントロールを及ぼし得ないことです。親会社やメインバンク等の主要な取引先の役員や従業員などは、経営陣に対して自らの出身母体の利益になるようにコントロールを及ぼす可能性があります。

これらの独立性の要件のいずれかを満たさない者は「独立性なし」として独立役員への指定ができないことになっています。

Question

独立性が高い社外役員なら、誰が独立役員になってもいいのですか。

Answer

独立性が高ければ、誰でも独立役員になることはできますが、誰が独立役員になっても一般株主の利益保護が期待できるわけではありません。経営陣とは異なり会社の業務に精通していることは必ずしも期待できませんし、その必要もありませんが、客観的な視点から一般株主の利益を代弁していただくために、一般株主の利益に対するリテラシーを高めていくことが重要です。

本書は、こうしたリテラシーの向上を目的としています。

Question

独立役員は日本独自の制度だそうですが、海外には独立役員制度がないのは、なぜですか。

Answer

他国では、コーポレート・ガバナンスの構造として、監督と執行が明確に分離し、取締役会は監督を担う機関として、その多くが独立社外取締役で占められているため、敢えて独立役員の指定を求めるまでもない状況になっているためです。

Question

独立役員が1人だと、海外と同じような機能は期待できないのではないですか。

Answer

独立役員が1人あるいは少数の場合、取締役会などにおける意思決定に影響を及ぼすことが難しいことも想定され、海外とまったく同じような監督機能を期待することはできないかもしれません。しかしながら、独立役員が1人でもできることはあります。取締役会などの意思決定の局面で、一般株主の利益保護という視点を踏まえた検討が行われるよう、独立役員は積極的に質問や確認などを行うことが重要ですし、議決権があればそれを行使することもできます。

なお、独立役員を1名以上確保するという制度のもとで1人の独立役員の指定は最低限の要請であって、上場会社の規模、業態、株主構成、社風その他により、最適なガバナンス体制にはおのずから相違がありま

す。独立役員として実効性のある機能の発揮が困難な事情がある場合には、ガバナンス体制の見直しやサポート機能の充実などについて、経営陣に働きかけることも独立役員に期待される役割の一部であると考えられます。

Question

独立役員が社外監査役だと、海外と同じような機能は期待できないのではないですか。

Answer

社外監査役の場合、取締役会での議決権もなく、海外とまったく同じ監督機能を期待することは難しいかもしれません。しかしながら、独立役員が社外監査役でもできることはあります。取締役会などの意思決定の局面で、一般株主の利益保護という視点を踏まえた検討が行われるよう、独立役員は積極的に質問や確認などを行うことが重要です。

Question

独立役員は一般株主保護のための制度だそうですが、取引先や従業員など、会社の他のステークホルダーの役にも立つのですか。

Answer

株式会社のステークホルダーのうち、一番最後にその利益の分配を受ける株主が保護されることは、取引先や従業員など他のステークホルダーの利益を確保することにもつながります。短期的には、一般株主とそれ以外のステークホルダーの利害が対立する場面もあり得ますが、中

長期的には、一般株主の利益が保護されることは、他のステークホルダーの利益確保にも役に立つといえるでしょう。

Question

独立役員は、社長をはじめとする経営陣の役にも立つのですか。

Answer

独立役員が会社の役に立てば、それ自体が社長をはじめとする経営陣にとって大きな助けになることはいうまでもありませんが、それ以外にも、経営陣を損害賠償責任から守る機能もあります。すなわち、社長をはじめとする経営陣は、会社法上、職務執行において任務を怠ったことにより会社に損害を発生させた場合は、それを賠償する責任を負います。任務を怠ったかどうかの判断、すなわち、取締役の善管注意義務が尽くされたか否かの判断にあたっては、職務執行の当時の状況に照らして合理的な情報収集、調査、検討などが行われたかどうかが問われます。

独立役員が一般株主の利益保護の観点から必要な問題点等の指摘を行い、問題意識が取締役会に出席する役員全員に共有された上で取締役会などにおける意思決定が行われることは、合理的な情報収集や調査、検討などが行われたかどうかという点において考慮されると考えられます。

総論編

Question

独立役員は、企業不祥事の防止や企業価値向上のためにも、役に立つのですか。

Answer

　独立役員は、社外役員から指定されますが、社外役員として企業不祥事の防止や企業価値の向上に役に立つと考えられます。

　企業不祥事の防止や企業価値の向上は、コーポレート・ガバナンスの最も重要な目的であり、取締役会はその要であると世界中で認識されています（日本では監査役（会）もその一翼を担います。）。

　企業不祥事は業務執行の過程で生じるのが通常ですので、業務執行に携わる社員や役員でなければなかなか発見できませんが、社長など上層部がかかわっていたりすると、社内者に是正を期待するのは容易ではありません。そこで、社外役員、中でも経営陣から独立した独立役員に不祥事を未然に防止したり、拡大しないような対応を主導することが期待されます。

　一方、企業価値の向上は業務執行の結果として生じるのが通常であり、それ自体は社内者でなければ実現することができませんが、独立役員は、社外取締役や社外監査役として、取締役会における意思決定に関与することができます。業務執行の方向性に関する取締役会の議論において、資本コストの考え方をはじめとする一般株主の目線を提供し、企業価値向上のためのよりよい意思決定に貢献することが考えられます。

　また、企業価値の向上が停滞したり、逆に毀損するような業績が続いたときは、経営陣が推進している経営方針を改めることも必要となりますが、その役割を社内者に期待するのは難しいことがあります。そこで、中でも経営陣から独立した独立役員である社外取締役には、経営計画の

策定や実行を監視し、必要に応じて経営方針の見直し等を提案することが期待されます。

> **Question**
>
> 資本コストとは何ですか。

Answer

投資家が期待する利回りを企業の側から見たものが「資本コスト」です。

資本コストの考え方を理解するためには、まず、投資家は「複数の候補から投資先を選べる存在」であることを意識する必要があります。例えば、ある個人投資家が100万円の余裕資金を有する場合、国債、銀行預金、社債、株式、投資信託など、様々な選択肢があります。

この場合において当該投資家が上場会社A社の株式を購入するとき、一般的にはリスクがないとされている国債金利に、株式市場のリスクとA社の株式の個別リスクを勘案したリスクプレミアムを加えたものがハードルレート（最低利回り）として想定されています。

この投資家が期待する利回りを企業の側から見たものが「資本コスト」です。この投資家は、A社株式に投資することによって国債に投資する機会を失っていますので、A社が国債金利以下のリターンを生み出したとしても、この投資家にとってはマイナスの域を出ません。A社は、その期待リターンと同等かこれを上回るリターンを生み出すことによってのみ、はじめて一般株主のために「価値創造」ができ、企業価値が向上することになるのです。端的にいえば、当期純利益を自己資本で除した、自己資本利益率（ROE）が資本コストを上回ってはじめて、「企業価値」が創造されるともいえます。要するに「企業価値の創造」は下記

のように考えることができます。

　企業活動が上げるリターン≧出資者の期待リターン→企業価値の創造

各論編

各論編

各論編の読み方

　各論編では、取締役会に提出される議案ごとに、見開きの左ページで「議案の概要」「議案の検討」を、右ページで「一般株主の視点」「チェックリスト」を掲げています。その後、関連する事項や考え方について「解説」を付しています。

　なお、「議案の概要」は、必ずしも現実に即した内容とはなっておりませんが、問題点を強調するための工夫としてご覧下さい。

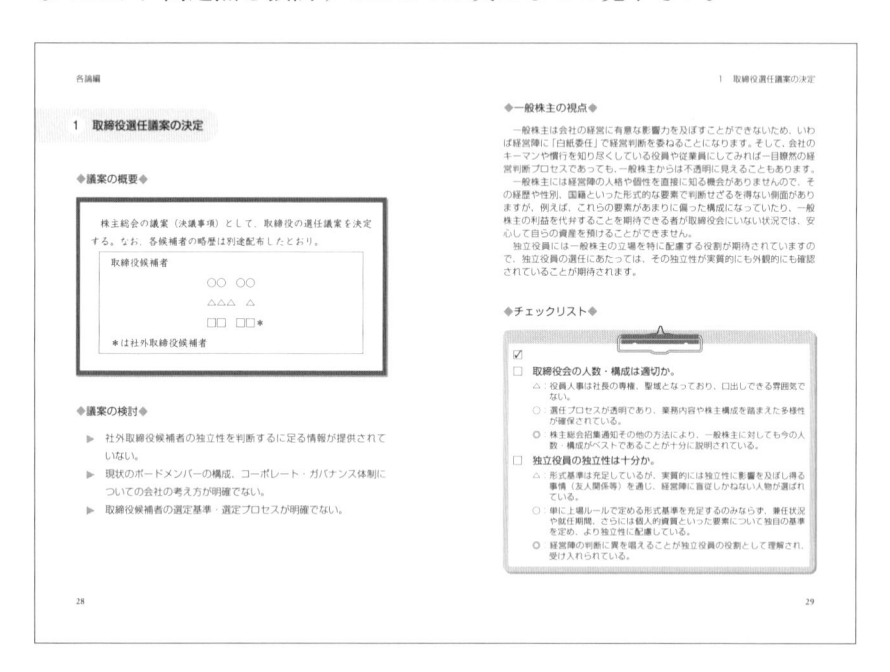

　「議案の検討」は、「議案の概要」で掲げた具体的な内容を前提にしていますが、「一般株主の視点」「チェックリスト」「解説」には「議案の概要」に対応しない事項も含まれています。

左ページは、当該項目で取り扱おうとする取締役会議案の具体例を挙げ、イメージを共有することを目的としています。右ページ以降は、具体的な議案の内容が異なる場合にも適用しやすいように、当該項目に関する点を広く取り上げています。

　「チェックリスト」の項目は取締役会の議論・検討において確認すべき点の一例を示したものです。◎○△は順により望ましいと思われる状況を挙げたものですが、いずれも個社の具体的状況次第ですので、常にこれがあてはまるものではありません。

各論編

1 取締役選任議案の決定

◆議案の概要◆

> 株主総会の議案（決議事項）として、取締役の選任議案を決定する。なお、各候補者の略歴は別途配布したとおり。
>
> 取締役候補者
> 　　　　〇〇　〇〇
> 　　　　△△△　△
> 　　　　□□　□□＊
>
> ＊は社外取締役候補者

◆議案の検討◆

▶ 社外取締役候補者の独立性を判断するに足る情報が提供されていない。
▶ 現状のボードメンバーの構成、コーポレート・ガバナンス体制についての会社の考え方が明確でない。
▶ 取締役候補者の選定基準・選定プロセスが明確でない。

◆一般株主の視点◆

　一般株主は会社の経営に有意な影響力を及ぼすことができないため、いわば経営陣に「白紙委任」で経営判断を委ねることになります。そして、会社のキーマンや慣行を知り尽くしている役員や従業員にしてみれば一目瞭然の経営判断プロセスであっても、一般株主からは不透明に見えることもあります。

　一般株主には経営陣の人格や個性を直接に知る機会がありませんので、その経歴や性別、国籍といった形式的な要素で判断せざるを得ない側面がありますが、例えば、これらの要素があまりに偏った構成になっていたり、一般株主の利益を代弁することを期待できる者が取締役会にいない状況では、安心して自らの資産を預けることができません。

　独立役員には一般株主の立場を特に配慮する役割が期待されていますので、独立役員の選任にあたっては、その独立性が実質的にも外観的にも確認されていることが期待されます。

◆チェックリスト◆

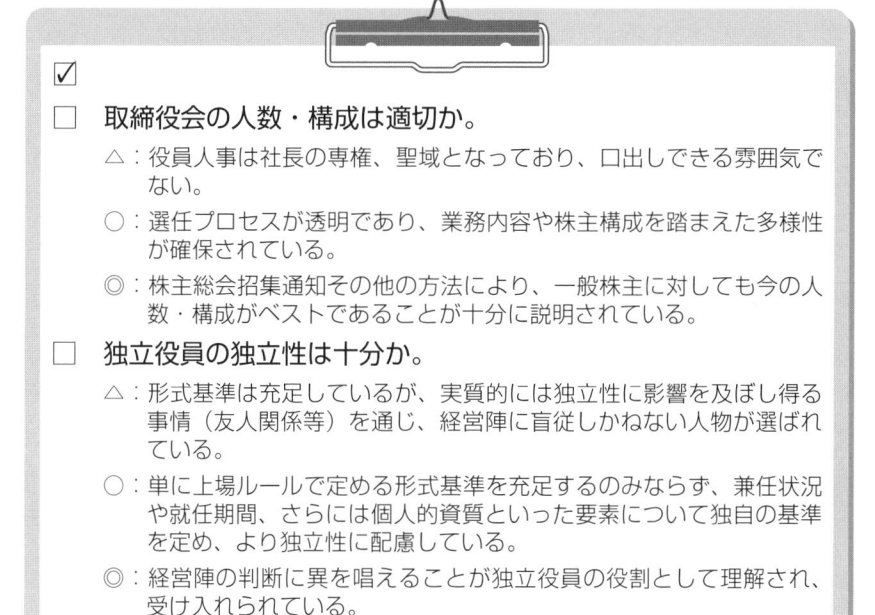

☑

☐　**取締役会の人数・構成は適切か。**

　△：役員人事は社長の専権、聖域となっており、口出しできる雰囲気でない。

　○：選任プロセスが透明であり、業務内容や株主構成を踏まえた多様性が確保されている。

　◎：株主総会招集通知その他の方法により、一般株主に対しても今の人数・構成がベストであることが十分に説明されている。

☐　**独立役員の独立性は十分か。**

　△：形式基準は充足しているが、実質的には独立性に影響を及ぼし得る事情（友人関係等）を通じ、経営陣に盲従しかねない人物が選ばれている。

　○：単に上場ルールで定める形式基準を充足するのみならず、兼任状況や就任期間、さらには個人的資質といった要素について独自の基準を定め、より独立性に配慮している。

　◎：経営陣の判断に異を唱えることが独立役員の役割として理解され、受け入れられている。

◆解説◆

1　取締役選任議案の重要性

　監査役会設置会社では、株主総会に付議する取締役選任議案を決定する権限は取締役会（会社法298条4項）にありますが、委員会設置会社では、指名委員会にあります（会社法404条1項）。
　取締役会は、経営者の業務執行が適切かつ効率的に行われているかを評価し、これを経営者の選解任や報酬に反映するなどの方法で、適切な監督機能を発揮することが期待されている、いわばコーポレート・ガバナンスの要となる機関です。
　株主総会議案の議決結果は、株主総会の後に、金融商品取引法に基づく開示書類のひとつである「臨時報告書」において、各議案の賛成・反対の比率を含めて開示しなければなりません。各々の取締役・監査役の選任議案についても賛成率が明らかになるということにも、留意が必要です。

2　取締役会の人数・構成

　上場会社の規模や業態は様々ですので、取締役会の規模について、「このぐらいの人数が適切」という水準が理論的に決まっているわけではありませんが、タイムリーな意思決定ができること、取締役相互のけん制が働くことが重要です。
　『東証上場会社コーポレート・ガバナンス白書 2011』によれば、東証上場会社全体で、取締役の平均人数は8.35名で、全体としては、徐々に減少する傾向にあります。売上高が大きい会社ほど、取締役の人数も多くなる傾向が見られます。『東証上場会社コーポレート・ガバナンス

白書 2011』は、東証のウェブサイトにも掲載されていますので、必要に応じてご参照ください。

　取締役会・監査役会における、社外役員と社内役員の割合をどうするかということも、考慮要素のひとつです。例えば、監査役会設置会社においては、社外取締役の選任は必須ではなく、実態としても、東証上場の監査役会設置会社のうち、社外取締役を選任しているのは半数ほどですが、他方で、社外取締役の選任を求める声も根強く存在していますので、取締役会として、この論点についてどのような考え方を有しているか、整理しておく必要があります。「社外か社内か」の観点だけでなく、「業務執行か非業務執行か」という観点で検討することも考えられます。

　近年、話題になることが多いのが、取締役会の多様性（diversity）です。取締役会を、社内昇進者だけで構成するのではなく、年齢・性別・国籍・人種といった面での多様性を確保した構成とすることで、多様な目線からの助言が期待でき、これが現代の変化の激しい国際社会において企業が生き残るために必要であるという主張がなされています。

　実際に、我が国の上場会社の中には、日本国内だけでなく、グローバルな事業展開を行っていくために、取締役会の多様性を確保すべく取り組んでいる会社もあります。

3　独立役員の届出と情報開示

　社外役員のうち、誰を独立役員として金融商品取引所に届け出るかということは、会社法上の取締役会決議事項ではありませんが、取締役会において確認されることが多いようです。

　独立役員の職責や独立役員に求められる資質を最もよく理解しているのは、独立役員に他なりませんので、独立役員の指定というプロセスにおいては、現任の独立役員が積極的に関与し、例えば、独立役員として

指定する候補者の独立性に疑問がある場合などは、その旨の意見を述べることなどが考えられます。

　また、社外役員候補者の独立性に関する情報は、株主が選任議案に対して議決権を行使する上で、極めて重要な情報のひとつです。このような情報が、株主総会招集通知や、独立役員届出書、又は投資家や議決権行使助言会社との直接対話などを通じて適切に伝達されることが重要です。

4　独立役員の「独立性」とは

　独立役員制度のもとになった、経済産業省の「企業統治研究会」の報告書によれば、独立性とは、「経営陣から独立した立場で、利害関係を経営陣との間で有していないこと」をいい、「経営陣から著しいコントロールを受けうる場合」、「経営陣に対して著しいコントロールを及ぼしうる場合」には、独立性を有しているとはいえないとされています。

　経営陣から著しいコントロールを受けうる場合については、「当該企業、子会社、下請企業などの取引先の役員・従業員、当該企業から報酬を得ているコンサルタント、親族等」が該当し、経営陣に対して著しいコントロールを及ぼしうる場合については、「親会社、メインバンクなどの取引先の役員・従業員、親族等」が該当するといわれています。東証では、独立役員制度の創設時に、この経済産業省の報告書で挙げられた項目をもとに、独立性の基準を策定しました。

　例えば、ある上場会社（A社）の親会社（B社）に勤務しているX氏は、A社の独立役員にはなれません。B社と、その他の少数株主との間には、潜在的な利益相反関係があるからです。仮に、B社がA社を完全子会社化することとした場合には、その利益相反関係が顕在化します。A社の独立役員には、A社の少数株主（一般株主）の利益の代弁者として、

少数株主の利益を最大化するために行動することが期待されることになりますが、B社の職員でもあるX氏に、そのような役割を期待することは、難しいといわざるを得ません。少なくとも、X氏のことをよく知らない株主・投資家から見れば、X氏が自分の雇い主であるB社に逆らってまで、A社の一般株主の利益を守ってくれると期待することはできません。これが、外観上の独立性がないということです。

「外観上」ということについて、違和感を覚えた方もいらっしゃるかもしれません。肩書や境遇にかかわらず、少数株主の利益のために公平な判断をすることができる人物もいるはずであり、外観上の独立性よりも、実質的な独立性が重要なのではないかというご意見もあるでしょう。

確かに、実質的な独立性こそが重要であるということは間違いありません。しかし、個々の社外役員に実質的な独立性があるかどうかは、会社の外部にいる株主・投資家からはわからないので、株主・投資家の立場から見れば、実質的に独立性があると言っているだけでは、本当に一般株主の利益を守ってくれる人なのか、安心して自分の資産を任せてよい人なのかがわからないということになります。そこで、実際に利益相反となり得る関係がある人、すなわち、外観上の独立性がない人は、独立役員として選任すべきでないという制度になっています。

東証の独立役員制度では、独立役員とは、「一般株主と利益相反が生じるおそれのない社外取締役又は社外監査役」と定義されており、一般株主と利益相反が生じるおそれがある類型として、いくつかの類型を定めています【図表1-1】。

これらの形式的な基準に該当している人は、外観上の独立性がないため、独立役員としては相応しくないと考えられますが、これに該当していなければ、それだけで独立性が認められるというわけではありません。

この形式要件は、あくまでも目安であり、実質的に、候補者に独立性があるのかどうか、ということをよく検討する必要があります。東証の

各論編

【図表1-1】 一般株主と利益相反が生じるおそれがある類型

> a　当該会社の親会社又は兄弟会社の業務執行者
> b　当該会社を主要な取引先とする者若しくはその業務執行者又は当該会社の主要な取引先若しくはその業務執行者
> c　当該会社から役員報酬以外に多額の金銭その他の財産を得ているコンサルタント、会計専門家又は法律専門家（当該財産を得ている者が法人、組合等の団体である場合は、当該団体に所属する者をいう。）
> d　最近においてaから前cまでに該当していた者
> e　次の(a)から(c)までのいずれかに掲げる者（重要でない者を除く。）の近親者
> 　(a)　aから前dまでに掲げる者
> 　(b)　当該会社又はその子会社の業務執行者（社外監査役を独立役員として指定する場合にあっては、業務執行者でない取締役又は会計参与（当該会計参与が法人である場合は、その職務を行うべき社員を含む。以下同じ。）を含む。）
> 　(c)　最近において前(b)に該当していた者

　定めた基準は、独立性が阻害されると考えられる関係を網羅しているものではなく、これ以外にも、独立性を脅かすような関係が存在することがあり得るからです。

　本書の総論編でも紹介している「独立役員に期待される役割」（資料編参照）では、独立役員には、「上場会社の取締役会などにおける業務執行に係る決定の局面等において、一般株主の利益への配慮がなされるよう、必要な意見を述べるなど、一般株主の利益保護を踏まえた行動をとること」が期待されているとまとめられています。

　株主・投資家が、社外役員にこのような役割を期待するためには、その人物が、一般株主の利益以外の利益、例えば、親会社などの資本上位

者や、取引先や銀行などの債権者の利益に影響されるおそれが外形的にもない人物であることが必要です。それだけでなく、実際に一般株主の利益保護を踏まえた行動をとるためには、社長の言いなりにならない人物であることも必要です。現任の独立役員においては、新たに独立役員として指定されることになる社外役員候補者について、以上のような視点を踏まえて議論に参加することが期待されます。

5 「独立役員に取締役会における議決権を有している者が含まれていることの意義」とは

　東証の有価証券上場規程には、「上場内国株券の発行者は、独立役員に取締役会における議決権を有している者が含まれていることの意義を踏まえ、独立役員を確保するよう努めるものとする」と規定されています。この規定は、2011年の秋頃に立て続けに発覚した上場会社における不祥事事件に端を発して、2012年の5月に定められたものです。

　これらの事件では、いずれも独立役員は、社外監査役からしか指定されていませんでした。そのため、前任者の不正を追及しようとした社長がその前任者によって解任されようとしているといったような、極めてクリティカルな場面でも、その解任決議で議決権を行使することができませんでした。別の例では、独立役員は、子会社を私物化しかねないような企業グループを形成することについて、異議を唱えにくい面がありました。

　独立役員制度は、どの会社にも社外取締役がいるわけではない、ということを前提にして、独立性の高い社外役員であれば取締役でも監査役でも構わない、という趣旨で創設された制度ですが、このような実際に起きた事件にかんがみますと、独立役員の中に、取締役会における議決権を有する者、つまり、社外取締役が含まれていないと、独立役員に期

待される役割を果たしにくい場合がある、ということが明らかになりました。

逆に、そういった場面において、独立役員の中に、取締役会の議決権を持った社外取締役が含まれていることで、独立役員の機能をより果たしやすくなるといえます。これが、「独立役員に取締役会における議決権を有している者が含まれていることの意義」であり、取締役会の構成を検討するにあたっては、これをよく踏まえた議論を行うことが求められます。

6 議決権行使助言会社と機関投資家の受託者責任

近年、株主総会シーズンが近づくと、必ずといっていいほど話題になるのが、ISS（Institutional Shareholders Services Inc.）や Glass Lewis（Glass Lewis & Co.）といった議決権行使助言機関の動向です。

我が国の上場会社に投資を行っている機関投資家の中には、インデックス運用といって、独自に銘柄を選択して投資をするのではなく、TOPIX 等の指数に連動するようにして多数の銘柄に投資を行っている機関投資家が数多く含まれています。そのような投資家は、投資先の上場会社の数が多数にのぼるため、個別企業の株主総会に出されている個別の議案について、それぞれ、ひとつずつじっくり賛否を検討するということができません。

なお、上場会社の約 75％が 3 月期決算会社であり、そのうちの多くの会社の定時株主総会が 6 月末に集中していることも、投資家が個別の総会議案を検討できないことの一因といわれています。定時株主総会の特定の日への集中率は、1990 年代には 90％以上だったのが、40％程度まで低下してきており、そのこと自体は株主が議決権行使を行いやすい環境づくりの観点から進歩だといえますが、「日」単位でなく「週」の

単位でみると、6月の下旬に定時株主総会が集中しているという実態はあまり変わっていないという現状があります。

そこで、投資家に代わって個別企業の個別の議案を分析し、どのように投票を行えばよいかという助言を行っているのが、議決権行使助言機関です。多くの機関投資家が、ISSなどが提供する助言サービスを利用しており、それゆえに、その動向は、日本の上場会社にも大きな影響を与えます。特に、外国人株主の比率が高い上場会社は、株主総会の議案についてISSなどが反対推奨の助言をすると、議案を否決されてしまう可能性も否定できません。

議決権行使助言会社は、株主総会の議案の類型ごとに、議案に賛成を推奨するか、反対を推奨するかの基準（ポリシー）を定めており、基本的にこれに従って助言を行っています。例えば、ISSの2012年の取締役選任に関するポリシーでは、「親会社や支配株主を持つ会社において、ISSの独立性基準を満たす社外取締役が2名未満の場合、経営トップである取締役」の選任議案について、原則として反対を推奨するとうたっています。これはほんの一例で、社外取締役が選任されていない会社への対応や、独立性の基準など、様々な基準が定められています。ポリシーの全文は、ウェブサイト上に公開されており、誰でも見ることができますので、一度、ご覧になることをお勧めします。

もちろん、議決権行使助言会社を利用していない機関投資家も数多く存在しています。日本国内の機関投資家の中には、独自に株主総会議案に対する議決権行使の基準を定め、自社のウェブサイトにおいて公開しているところもあります。

しかし、なぜ、機関投資家が上場会社の取締役の独立性など、コーポレート・ガバナンス体制についてわざわざ口出しをするのでしょうか。投資家は、その会社のことが気に入らなければ、株式を売却すればよい、といえないでしょうか。実は、そうもいかない理由があるのです。まず、

インデックス運用では、特定の銘柄だけを売却するということはそもそも難しいということがあります。また、大規模な資産を運用している投資家が、ひとつの銘柄を手放すとなると、それだけでかなりの価格変動（株価の下落）をもたらしてしまうため、売却には慎重にならざるを得ないということもあります。

一方で、受託者責任（fiduciary duty）という考え方があります。機関投資家は、投資信託や年金基金といったかたちで、数多くの顧客（投資信託の購入者や、年金の加入者）から資産を預かって、その運用を任されています。受託者責任の基本的な考え方は、受託者は、受益者のために尽くさなければならないということです。欧米ではこの考え方が一般的になっており、米国では、1980年代頃から、企業年金を運用する機関投資家の受託者責任が法律で認められていました。英国でも、近年、「Stewardship Code」という規範で、機関投資家の受託者責任が明確化されています。

先述のように彼らは株式を売却するということが容易にできないことが多いですので、受託者責任の果たし方のひとつのかたちとして、株主総会においても、受益者の利益が最大化するように、議決権を行使しなければならない、ということになっているのです。

以上のように、機関投資家や議決権行使助言機関が、株主総会議案の賛否について、影響力を有していますし、取締役等の選任議案を決定するにあたっては、株主・投資家への情報提供の仕方についても気を配ることが必要です。

各論編

2　代表取締役の選定

◆議案の概要◆

> 以下のとおり、代表取締役を異動する。
> 　　（新任）氏　　　名：□□　□□
> 　　　　　　新・役職名：代表取締役CEO
> 　　（退任）氏　　　名：○○　○○
> 　　　　　　旧・役職名：代表取締役CEO

◆議案の検討◆

▶　新代表取締役の選定基準・選定プロセスが明確でない。
▶　旧代表取締役の解職の理由・経緯が明確でない。

2 代表取締役の選定

◆一般株主の視点◆

　どのような人物が代表取締役となるかは会社のパフォーマンス全体に大きな影響を及ぼしますので、代表取締役の選定は、会社のすべての利害関係人にとって重要です。しかも、一般株主の視点で見れば、取締役会が代表取締役に対して実効性ある監督をすることができているかを見極めるにあたって非常に重要な局面でもあります。

　代表取締役を選定する過程における検討内容を社外に公開すると、会社の利益を損なう場合もあるため、会社によっては選定過程を公開することを望まないこともあるかもしれません。しかしながら、大きな企業不祥事があった場合やこれまでの選定方針を大きく変更する場合など、「いったいどうなっているか」と一般株主が不安を感じるような場合は情報を開示することが望まれます。また、代表取締役の選定過程を公開できない場合には、独立役員が一般株主に代わって当該過程の適切性を確認することが期待されます。

◆チェックリスト◆

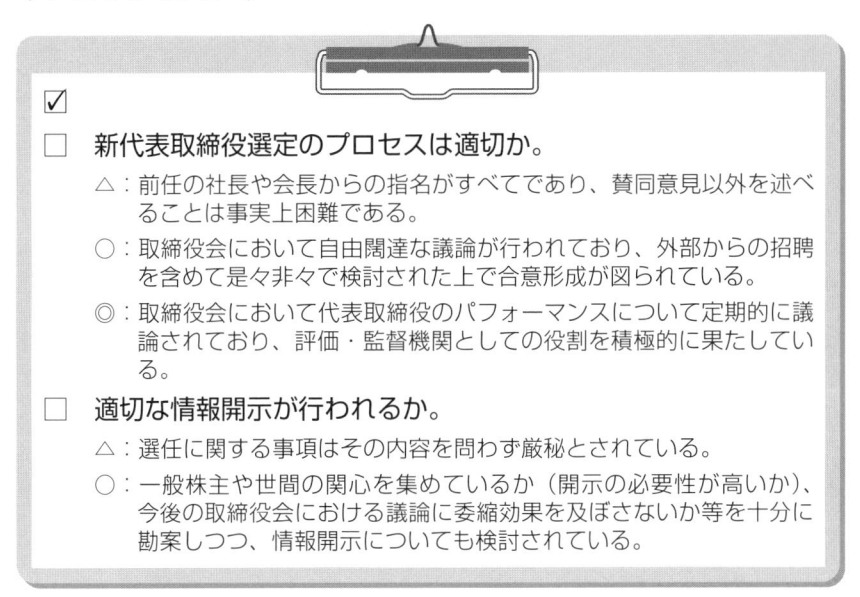

- ☑
- ☐ 新代表取締役選定のプロセスは適切か。
  - △：前任の社長や会長からの指名がすべてであり、賛同意見以外を述べることは事実上困難である。
  - ○：取締役会において自由闊達な議論が行われており、外部からの招聘を含めて是々非々で検討された上で合意形成が図られている。
  - ◎：取締役会において代表取締役のパフォーマンスについて定期的に議論されており、評価・監督機関としての役割を積極的に果たしている。
- ☐ 適切な情報開示が行われるか。
  - △：選任に関する事項はその内容を問わず厳秘とされている。
  - ○：一般株主や世間の関心を集めているか（開示の必要性が高いか）、今後の取締役会における議論に委縮効果を及ぼさないか等を十分に勘案しつつ、情報開示についても検討されている。

各論編

◆解説◆

1 社長の選解任の意義について

　代表取締役又は代表執行役（社長やCEOなど、会社によって役職名は異なりますが、以下では便宜上「社長」とします。）の選定及び解職は、取締役会の権限となっています。

　新社長が、会社の企業価値向上に資する人物であることが必要なのはいうまでもありませんが、適切な人物を選定するためのプロセスにも注意が必要です。

　独立役員が社内役員と異なるのは、社内役員は業務執行者としては社長の部下としての地位を兼ねていることが多いのに対し、独立役員はそのような関係にないということです。独立役員には、社内役員では言いにくいことを言うことが期待されています。

　もっとも、社内の事情や人間関係に精通していない独立役員としては、社内での対立がある場合に、「どちらの主張が正しいのか」という判断をすることは難しいと感じる場面もあるかもしれません。

　そのようなときは、独立役員が提案への賛否の判断をするために十分な情報が揃っているか、経緯等について不透明な部分が残っていないかといったことを考え、足りない部分があれば、さらなる説明を求めるといった対応が考えられます。

　また、社長の交代は、メディアの注目度も高く、投資判断にも影響を与えます。社長交代の決定をした場合には、直ちにその内容について適時開示や臨時報告書の提出が必要になります。特に、予定されていた任期を終えての社長交代ではなく、緊急的に社長交代が提案された場合などにおいては、「解任劇」「内紛」として報道されることもあり、株主に重大な影響を与える可能性もありますので、独立役員としては、そのよ

うな場合の情報開示の在り方についても注意を払うべきでしょう。

2　サクセッション・プランについて

　どんなに優秀で、素晴らしい業績に貢献している社長も、永遠に社長職を務め続けることはありません。いつかは次代の後継者に職を譲る日が来ます。そこで、次のリーダーとなるべき人物を選抜するための後継計画を策定しておくことが必要になります。これがサクセッション・プランです。社長候補者の選抜・育成のために、幹部候補となる人材を早期から計画的に管理する制度を導入している企業もあります。

　委員会設置会社であれば、法定の指名委員会が、取締役の選任・解任の議案の決定についての権限を持つことになりますが、監査役（会）設置会社においても、指名や報酬に関する任意のアドバイザリー・ボードのような会議体を設置するケースがあります。このような次期社長の選定のプロセスに独立役員が関与することで、密室での決定事項となりがちな社長人事の透明性・公正性を担保することが考えられます。

【参考】　社長交代が話題になった事例

　以下に、社長の交代がメディアなどで大きく取り上げられた事例をいくつかご紹介します。

1　小売業・A社の例

概要

不当な利益供与等のスキャンダルが発覚した社長について、銀行出身

の社外取締役らが中心となって、解任決議案が提案され、全会一致で可決した。

備考

社外取締役が中心となって社長を解任した先駆的な例と評価されています。中心となったといわれている社外取締役は、銀行の出身者であり、一般株主の利益を代弁する独立役員とはやや異なる側面もありますが、社長が特別背任などの犯罪に手を染めているような場面では、その社長を解任することについて、債権者の利益と一般株主の利益に不一致はないといえるでしょう。

社長には、取締役会において社長解任の議案が提案されることが知らされていなかったということもこの事件の特徴です。

2 電機機器メーカー・B社の例

概要

病気療養のために社長が辞任するという決議が行われ、そのプレスリリースが出された数か月後に、元社長が辞任の取消しを求める文書を公表した。

その後、元社長の辞任の理由は病気療養ではなく、元社長が進めていた子会社の売却案件が背景にあったことをB社が公表した。

備考

社長の退任の理由が、正確に情報開示されていなかったことは、B社の主張によれば、真相を公表することによる風評被害が起きないように配慮したというものでしたが、「上場会社は、投資者への適時、適切な会社情報の開示が健全な金融商品市場の根幹をなすものであることを十分に認識し、常に投資者の視点に立った迅速、正確かつ公平な会社情報

の開示を徹底するなど、誠実な業務遂行に努めなければならない。」という取引所の規則の趣旨に反するものであったといわざるを得ません。この騒動により、株価にも少なからぬ影響がありました。

　一般株主の立場を代弁する独立役員としては、意思決定プロセスの透明性には特に注意し、株主・投資家に対して正確な情報が提供されるよう、働きかけを行うことが求められます。

3　精密機器メーカー・C社の例

概要

　着任して間もない外国人社長が出席取締役の全員一致の決議により解職された。C社からは、経営の方向性・手法に関して他の経営陣と乖離があるといったプレスリリースが出された。

　その後、元社長は解職される直前に、同社の長期にわたる会計不正に関する追及を行っていたこと、同社が実際に会計不正を行っていたことが明らかになり、不正に関与した取締役・監査役は責任追及を受けた。

備考

　社長の解職についての取締役会議案が付議された場合に、解職の理由等が一定程度、合理的に説明されているとすると、独立役員が、その解職の提案について正面から反対することは、非常に困難だと考えられます。社内の事情や人間関係を知らない独立役員には、どちらの主張が正しいか、その場で判断することはできないからです。

　判断を行うに十分なだけの情報が提供されるよう要求すること、そして、十分な情報が提供されていなければ、取締役会決議の延期を求め、又は異議をとどめること。これが、このような場面において、社内の事情を知らない独立役員だからこそできることだといえます。

3 役員報酬プランの策定

◆議案の概要◆

> 各取締役の報酬は、以下のとおりとする。
> 代表取締役：
> 　月額金〇円
> 業務執行取締役（5名）：
> 　月額合計金〇円の範囲で代表取締役に一任
> 社外取締役（1名）：
> 　月額金〇円

◆議案の検討◆

▶ 役員報酬の指針や考え方が示されていない。
▶ 代表取締役への委任が無限定になされている。

3　役員報酬プランの策定

◆一般株主の視点◆

　取締役の報酬プランは会社の経営方針に影響を与えるため、一般株主にとって重大な関心事です。多くの一般株主が関心を寄せる理由は、やはり会社の経営方針に影響を与えるという点にあります。

　例えば、取締役の報酬が会社のパフォーマンスと連動しない場合には、会社のパフォーマンス向上に向けた直接的なインセンティブを欠きますので、一般株主にしてみれば、会社の運営が非効率的になるのではとの不安を感じます。報酬関係は同僚の財布に口出しするような側面もあって躊躇しがちですが、独立役員においては、これもガバナンスを構成する重要な要素であるとの認識を広め、正面から議論されるよう促すことが期待されます。

◆チェックリスト◆

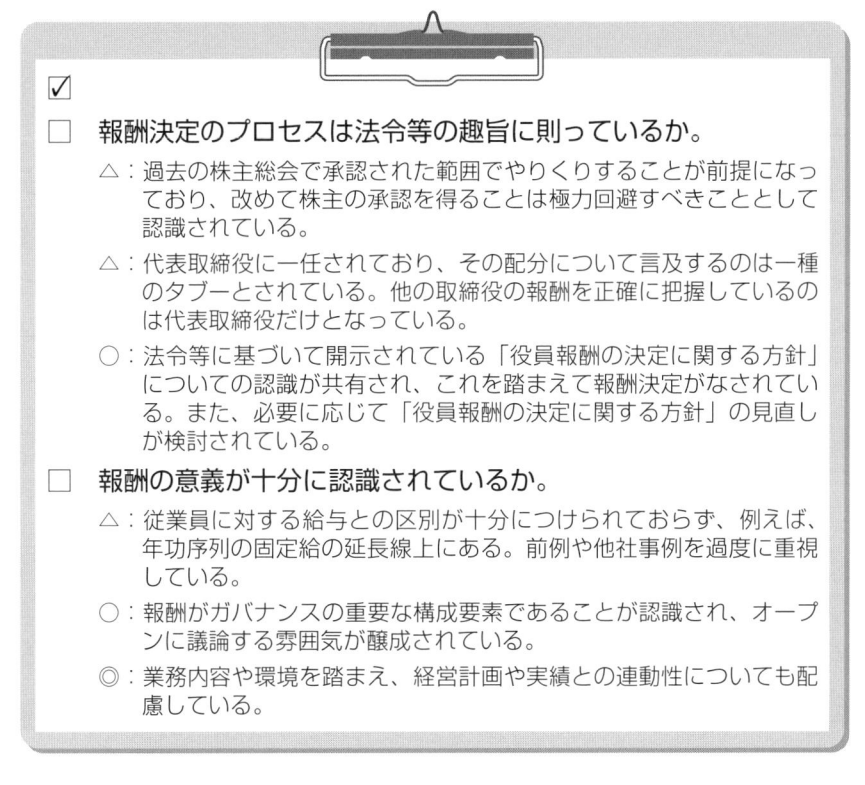

- ☑
- ☐ **報酬決定のプロセスは法令等の趣旨に則っているか。**
  - △：過去の株主総会で承認された範囲でやりくりすることが前提になっており、改めて株主の承認を得ることは極力回避すべきこととして認識されている。
  - △：代表取締役に一任されており、その配分について言及するのは一種のタブーとされている。他の取締役の報酬を正確に把握しているのは代表取締役だけとなっている。
  - ○：法令等に基づいて開示されている「役員報酬の決定に関する方針」についての認識が共有され、これを踏まえて報酬決定がなされている。また、必要に応じて「役員報酬の決定に関する方針」の見直しが検討されている。
- ☐ **報酬の意義が十分に認識されているか。**
  - △：従業員に対する給与との区別が十分につけられておらず、例えば、年功序列の固定給の延長線上にある。前例や他社事例を過度に重視している。
  - ○：報酬がガバナンスの重要な構成要素であることが認識され、オープンに議論する雰囲気が醸成されている。
  - ◎：業務内容や環境を踏まえ、経営計画や実績との連動性についても配慮している。

◆解説◆

1 役員報酬の規律

　監査役会設置会社の取締役及び監査役に対する報酬は、定款に定めがある場合を除き、株主総会決議事項とされます（会社法361条、387条）。もっとも、取締役全員に対する報酬総額又は上限を決議すれば足り、各取締役への具体的な分配については取締役会に委ねることができます（判例。ただし社外取締役については参考書類で区別されます。会社法施行規則82条）。

　したがって、役員報酬プランの策定に関する取締役会決議には、株主総会に提出する議案を定めるための決議（会社法298条1項5号・4項、会社法施行規則63条7号ロ）と、株主総会で個々の役員に対する具体的分配について取締役会に委任された場合におけるその分配を行うための決議の2つがあります。ここでは、主に後者を念頭において解説します。

　なお、使用人兼務取締役の使用人部分については役員報酬とは取扱いを異にします（判例）。

2 役員報酬の意義

　役員報酬の在り方は、会社の経営全体に影響を与えます。

　例えば、固定報酬の割合が高い役員報酬プランは、過度のリスクテイクによって企業価値を毀損することを抑止する効果が期待されます。逆に、「業務執行取締役に係る報酬の年間総額は直近事業年度の連結売上高の1,000分の5とする」といった定め方をすれば、全社一丸となって連結売上高の拡大を目指すことが示唆されます。

　したがって、会社の経営方針と役員報酬プランが整合していないよう

に見えるときは、慎重な検討が必要です。

　例えば、上記のような売上高連動報酬プランを定めている会社において、その経営計画ではコストカットと中核事業部門への集中を目指しているとしたら、取締役は自らの報酬削減に向けて業務に取り組むことになりかねません。より卑近な例でいえば、長年にわたって固定報酬だけで構成されている会社は、新たな事業に挑戦して大きな成果を挙げたとしても適切な報償が得られず、その挑戦が失敗した場合にのみ解任や左遷といった責任を問われる構造になっている懸念もあります。

　業務執行取締役は、役員報酬についてあまりにも露骨な利害関係があるため、声を上げにくい立場にあります。そのため、高潔かつ実直な方であっても、報酬プランについては深く考えず、慣例に従おう、あるいは、社長に一任しようという判断に逃避するおそれがあります。

　独立役員は、相対的に客観的な意見を述べられる数少ない存在として、当社の経営課題に即した報酬プランのアイデアを提供することが考えられます。

　役員報酬プランは、経営面のみならず、所有と経営の分離に伴って発生するコストのコントロールという意味でも大変に重要です。すなわち、支払った役員報酬の分だけ株主の取り分が減少するという点においては経営陣と株主の利益が鋭く対立する場面であるとともに、他方で、ストックオプションや株価連動報酬を利用することによって経営陣と株主の利益を一致させるチャンスでもあります。一般株主の利益を代弁する立場にある独立役員にとって、役員報酬プランの策定は高い関心を払う価値がある議題であるといえます。

　なお、金融商品取引法に基づいて1億円以上の報酬は開示することが求められ、また、税務上費用として計上するための要件が詳細に定められていますので、独立役員が自らそれを確認する必要はないものの、専門的な知見を有する者のチェックを経たものであるかを確認するのは有

益です。

3　近年の傾向

　2008年に米国投資銀行のリーマン・ブラザーズが破綻したことをきっかけとする金融危機の一因として、複雑な金融商品を用いた過剰なリスクテイクが取り沙汰されるとともに、米国の役員報酬がそのようなリスクテイクを促す設計になっているとの指摘もありました。併せて、米国において役員報酬が高騰していることに注目が集まり、「say on pay」と呼ばれる役員報酬について（拘束力のない）株主総会決議を行う制度が導入されました。その結果、シティグループの役員報酬案が否決される事態に至っています（日本経済新聞夕刊2012年4月18日）。

　これに対し、日本の役員報酬は固定の比率が高く、報酬総額は低いため、一般的には上記のような問題意識はあてはまりません。他方で、固定報酬の比率が高過ぎ、日本の役員報酬プランが株主利益との連動性が低いことが問題であるという指摘もあります。望ましい報酬プランの在り方は、業種や競合他社の動向や今後の経営計画といったその企業の置かれた環境、さらには役員の資質や税制によって大きく左右されますので、日本企業の平均や米国企業の水準といったことから一概に論じることはできませんが、傾向としてどのような議論がなされているかを考慮に入れた上で判断することは有用です。

　例えば、ストックオプションは、株価連動報酬という意味では株主利益との連動性が非常に高い報酬プランですが、他方で、直ちに権利行使可能な設計となっていると短期的な利益追求を促す効果があるため、上記米国リーマンショックの教訓を見逃しているとの指摘を受けるかもしれません。

4　独立役員自身の報酬プラン

　独立役員自身の報酬プランについて、独立性を損なうものであってはなりません。

　独立役員としての報酬以外に生活の途がない状況は、独立役員としての報酬それ自体によって独立性を喪失しているといっても過言ではありませんし、そうでなくとも、あまりにも高額の報酬を受領している場合には、それを惜しむあまり社長をはじめとする業務執行者と対立することをおそれるようになるかもしれません。

　他方で、投下している労力や貢献に見合う報酬を得られない業務を続けるのは至難であり、その責任の重さが正しく評価されていないのであれば問題です。

　代替可能性を考えて、仮に独立役員としての職を辞し、その会社の独立役員として投下してきた労力を他の業務のために費やしたらどの程度の報酬を得られるかという観点がひとつの手がかりになりますが、これも基準としては曖昧過ぎる場合が多いでしょう。

　非常に難しい問題ですが、独立性を損なわず、かつ、職務執行のインセンティブとして不十分でない水準を模索することとなります。

　なお、独立役員が業績連動報酬を受け取ることについては様々な考え方があります。特に監査役である独立役員については業績連動報酬とすること自体が法律上許容されない場合があるとの解釈があり、社外取締役である独立役員についても、業績の向上とコンプライアンスがトレードオフの関係にあると考える立場からは、整合性に疑義がある報酬プランと考える立場もあります。

　これに対し、社外取締役である独立役員もその知見を提供することで業績向上に資することが期待されており、その機能と業績向上はトレー

ドオフの関係にないと考えれば、業績連動とすることに支障はないことになります。

その他、一般株主の利益保護に貢献するという独立役員に期待される役割からすれば、ROEといった長期保有株主の利益と一致するとされている指標を用いることも考えられます。

法律上許容されている範囲であることは前提となりますが、独立役員について業績連動報酬を導入するときは、仮に不祥事を予防できなかったとしてもそれが業績連動報酬を惜しむあまりに見逃したのではないかといった批判を受けないか、固定報酬と業績連動部分の割合も加味しつつ、慎重に検討することとなります。

参考文献

- 田辺総合法律事務所ほか『役員報酬をめぐる法務・会計・税務』（清文社、2012）
- 石田猛行「2012 年 ISS 議決権行使助言方針」旬刊商事法務 1960 号（2012）46 頁以下
- 相澤哲＝郡谷大輔＝葉玉匡美編著『論点解説　新・会社法』（商事法務、2006）ほか

4　経営目標の設定及び業績報告

◆議案の概要◆

詳細は別添資料のとおり（以下抜粋）
・中期経営計画、年度利益計画

（例）	2012年度（今期）	2013年度	2014年度	2015年度
売上高	100	200	300	400
営業利益	5	15	30	50

・業績報告（月次決算、四半期決算、本決算）
　貸借対照表、損益計算書及びキャッシュフロー計算書

◆議案の検討◆

▶ 経営計画の策定にあたり、資本コストが意識されていない。
▶ 増収増益となる根拠が示されておらず、計画の前提条件など合理性が確認できない。
▶ 業績報告に定性的な説明がなく、今期以降の情報しか載っていないため、過年度比較や予算に対する進捗を把握・評価することができない。

4　経営目標の設定及び業績報告

◆**一般株主の視点**◆

　一般株主は、株主の期待収益率（資本コスト）を意識した経営計画が策定されることを期待しています。一般株主の利益は会社の純粋な利益と言い換えることができますので、多くの場合において、その視点を取り入れることは会社の経営判断にとって有用でもあります。

　独立役員には、一般株主の視点を取締役会に提供することが望まれます。なお、会社の財務部門やIR部門には必要な情報が用意されていることも多いため、その知見を活用することが考えられます。

◆**チェックリスト**◆

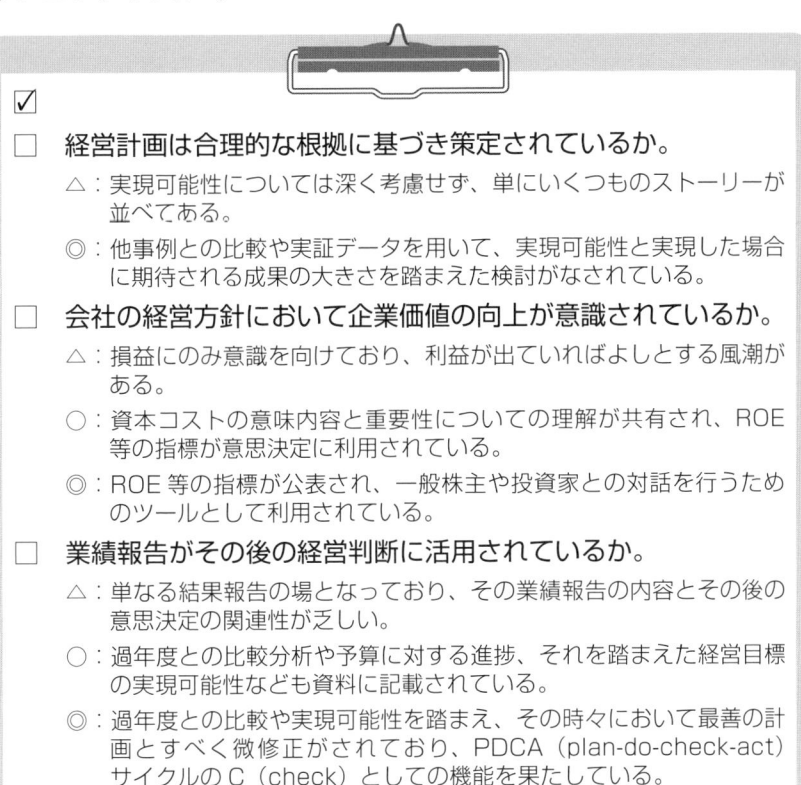

☑

☐　**経営計画は合理的な根拠に基づき策定されているか。**
　△：実現可能性については深く考慮せず、単にいくつものストーリーが並べてある。
　◎：他事例との比較や実証データを用いて、実現可能性と実現した場合に期待される成果の大きさを踏まえた検討がなされている。

☐　**会社の経営方針において企業価値の向上が意識されているか。**
　△：損益にのみ意識を向けており、利益が出ていればよしとする風潮がある。
　○：資本コストの意味内容と重要性についての理解が共有され、ROE等の指標が意思決定に利用されている。
　◎：ROE等の指標が公表され、一般株主や投資家との対話を行うためのツールとして利用されている。

☐　**業績報告がその後の経営判断に活用されているか。**
　△：単なる結果報告の場となっており、その業績報告の内容とその後の意思決定の関連性が乏しい。
　○：過年度との比較分析や予算に対する進捗、それを踏まえた経営目標の実現可能性なども資料に記載されている。
　◎：過年度との比較や実現可能性を踏まえ、その時々において最善の計画とすべく微修正がされており、PDCA（plan-do-check-act）サイクルのC（check）としての機能を果たしている。

各論編

◆解説◆

1 資本コストを意識する必要性

　総論編でも記載したとおり、上場会社の企業活動は、持続的な成長を実現し、企業価値を高めることを主要な目的として行われます。上場会社の利害関係人は、上場会社の役職員やその家族、グループ会社、取引先、取引銀行、顧客、地域社会や国など多岐にわたりますが、企業価値が向上することによってのみ利益を受ける一般株主に着目すると、会社の純粋な利益に沿った経営指針が得られます。いうまでもなく、一般株主のことのみを考えて経営計画を策定すればよいという簡単な問題ではありませんが、少なくとも、一般株主の目線である「資本コストを上回る収益を上げられるか」という観点を踏まえて検討され、しかるのちに策定されるべきものと考えられます。

　しかし、上場会社が経営計画を策定するにあたり、必ずしもこの観点を意識しているとは限らないのが現実です。例えば、単に「前年比○％の利益増を目指す」など、資本コストを意識しない単純な前年比のような目標設定にとどまっているケースも多く見受けられます。

　企業価値を高めるという観点からは、資本コストを意識して収益性を高めることが重要です。

　企業活動の基本は、何かしらの形で資金調達を行い、それを元手として収益を生み出すことにありますが、この資金調達の方法として、手元資金に加え、銀行から融資を受けたり、株式を発行して株主から資金を集めたりすることが考えられます。この資金調達に要するコストを考えてみると、銀行から融資を受けた場合は、金利を加えて返済する必要があるため、この金利分がコストとなりますが、株式については、銀行からの融資のように返済の必要もありませんし、当然金利もありません。

しかし、株主から集めた資金にもコストが発生しています。すなわち、投資家には株式投資以外の選択肢があり、その中には国債や定期預金のように一定の利回りが期待できるものもあります。その投資家が株式に投資するということは、その一定の利回りを得る機会を失うことを意味します。したがって、株主の目線で見れば、単に株式投資で何らかの利益を得れば足りるのではなく、少なくとも上記一定の利回りを上回ることが期待されています。この株主の期待が、「資本コスト（株主資本コスト）」と呼ばれるものとなります。したがって、株主にとっては、この期待を上回る収益を生み出すか否かが関心事となります（総論編3「Q&A」参照）。

会社にとってみれば、長期的に株式を保有している株主が投資に見合うリターンを得られる経営を目指すことが、株主から委ねられた資本に見合うだけの価値を創造することにつながるという関係になります。

「一般株主の利益という観点を考慮した経営判断が行われるように努める」役割を期待されている独立役員の立場としては、会社が策定した経営目標が期待されている資本コストを上回るものなのか否かという観点から質問を行い、会社の経営陣が資本コストを意識した経営を行う契機を提供する役割が求められていると考えられます。

2　株主・投資者との対話

経営目標は、極めて重要な投資判断材料となるため、株主・投資者に対して公表し、対話の材料とするべきものと考えられます。もっとも、ここで上場会社が用いる尺度と株主・投資者の用いる尺度に齟齬があると、対話が噛み合いませんので、株主・投資者の視点を理解することが重要となります。

株主が企業価値を図る際によく利用している経営指標としては、

【図表4-1】 投資家が中期経営計画での公表を望む経営指標

	中期経営計画での公表	
	投資家が要望	企業が実施
ROE	82.3% >	32.8%
利益額・利益の伸び率	60.8% <	61.9%
売上高・売上高の伸び率	53.2% <	59.5%
配当性向	46.8% >	17.8%
売上高利益率	30.4% <	48.0%
総還元性向	26.6% >	2.9%
ROA	25.3% >	20.5%
DEレシオ	21.5% >	16.6%
FCF	16.5% >	7.2%
市場占有率	13.9% >	4.8%

(出典) 平成23年度 生命保険協会調査「株式価値向上に向けた取り組みについて」

ROEが挙げられます。このROEは、「当期純利益÷自己資本」で計算され、株主の持分である自己資本からどれだけの利益が生み出されたかを示す指標です。

平成23年度の生命保険協会の調査結果によると、アンケート対象となった機関投資家のうち、82.3%の会社が中期経営計画での公表を望む経営指標としてROEを挙げており、株主がいかに投資判断材料としてROEを重要視しているかがわかります【図表4-1】。

一方、実際に中期経営計画でROEの公表を行っている会社は32.8%にとどまっており、投資家の要望と企業の実施状況に大きな乖離があることが見受けられます。

もちろん、ROEがすべてではなく、株主・投資者が企業価値を図る尺度として重要視している経営指標は他にもあります。どの経営指標を用いて株主と対話をするのかは、その会社のビジネスモデルなどによっても異なってくると考えられますが、独立役員としては、自社に適切な経営目標を設定することを通じて、株主と積極的な対話を行うよう、経

4 経営目標の設定及び業績報告

【図表4-2】 株主との対話の充実に向けた企業の取組み

	投資家	企　業
	注力すべきもの	新たに取り組みたいもの
中期経営計画での説明の充実	50.6%	14.7%
経営方針・経営戦略説明会の開催	40.5%	12.6%
決算短信（補足資料）の充実	27.8%	7.3%
招集通知での議案説明の充実	25.3%	9.5%
個別取材の受け入れ	24.1%	5.4%
スモールミーティングの開催	21.5%	10.6%
全般的な会社説明会の開催	21.5%	5.7%
株主総会の充実	19.0%	9.8%
機関投資家への訪問	17.7%	7.8%
議案の事前説明の実施	16.5%	3.9%
決算説明会の開催	15.2%	7.0%
会社施設見学会の開催	15.2%	10.6%
有価証券報告書等の法定書類の充実	6.3%	3.9%
海外での会社説明会の開催	5.1%	11.7%
その他	3.8%	2.6%

（出典）　平成23年度 生命保険協会調査「株式価値向上に向けた取り組みについて」

営陣に求めていくことが望まれます。

　なお、【図表4-2】のデータは、先ほどと同様、平成23年度の生命保険協会の調査結果を引用したものですが、株主との対話の充実に向けた企業の取組みについて、投資家が企業により一層取り組んでもらいたい内容として、「中期経営計画での説明の充実」や、「経営方針・経営戦略説明会の開催」を要望していることがわかります。一方で、企業側でも、それを認識はしているものの、実際に取り組もうとしている会社がそう多くはないのが現状です。経営目標を株主と共有する場として、説明会の開催などを経営陣に提案していくことも考えられます。

3 経営計画の合理性の確認

　会社が資本コストを上回るような経営計画を策定している場合でも、そもそもその計画が合理的であるかどうかについては、注意を払う必要があります。

　例えば、冒頭の「議案の概要」では、売上高が2倍、3倍となる計画を策定していますが、これだけの伸び率が見込める合理的な根拠の検証が必要です。業界動向に大きな変化がなく、事業戦略も変えていないのだとすると、よほど特殊な状況でないかぎりこの計画のように収益が倍増していくことはあり得ないといわざるを得ません。また、利益率についても年々改善していく計画を立てていますが、今までと同じオペレーションを実施していて、利益率が急に改善することも考えられません。合理的でない経営計画は、株主・投資家を大きくミスリードするものであり、不適切です。他方で、過度に慎重な計画とし、予想を上回る成長を演出するというのもミスリードという意味では同様です。もちろん、実績値が計画どおりになることはむしろ稀であり、実績値と計画が異なること自体は問題ではありませんが、会社の置かれている環境や実態を踏まえ、適切な前提条件や合理的根拠に基づき経営計画を策定することが必要です。

　経営計画の策定プロセスは会社によって異なりますが、経営陣が目標とする数値と、各事業部門が作成する実態を踏まえた数値のすり合わせにより策定されていくことが一般的であると考えられます。仮に経営陣が高い目標を設定していても、現場で実現可能性の低い目標であれば意味がありませんし、また、各事業部門が過度に保守的に策定した数値であれば、「目標」として適切でない場合もあります。

　独立役員の立場では、計画の合理性を確認するため、客観的立場から、

計画の策定プロセス、前提条件などについて、経営陣に対して積極的に説明を求めていくことが必要となるでしょう。

4　PDCA の C としての業績報告

　経営管理の観点からは、適切に PDCA サイクルを回していくことが大切ですが、取締役会における業績報告の場は、このうち C（check）にあたります。会社法上は、少なくとも 3 か月に一度の取締役会への報告が義務づけられていますが（会社法 363 条 2 項）、上場会社においては、毎月定例で事業報告が行われることも多いようです。

　業績報告資料の形態は、会社によっても多様ですし、それが月次報告なのか、四半期報告なのか、年度決算報告なのか、報告する期間によっても異なると考えられます。また、どの期間の報告なのかによっても、報告する目的も異なると考えられます。ここで大事なのは、どの期間の報告であっても、業績報告が、会社が立てた経営目標に対する check の場であることを踏まえ、その目的を達成するための材料が資料に適切に記載されているかという点にあります。

　例えば、損益計算書や貸借対照表、キャッシュフロー計算書や資金繰り表だけが取締役会資料として添付され、その資料をもとに数字を読み上げるような報告にとどまっている場合がありますが、このような報告では、実績に対する評価、経営目標の達成状況、これらを踏まえた今後採るべき戦略の検討など、check の機能を適切に果たすことは困難です。

　実績に対する評価については、どのような取組みを行い、その結果としてどのような数字となったのかを、例えば過年度との比較などによって分析することが考えられます。また、経営目標の達成状況については、例えば月次や四半期の実績が目標（予算）と比較してどうだったのか、未達の場合はなぜ未達となったのかについて、分析を行う必要がありま

さらに、それまでの累計実績を踏まえ、年度、中期として立てた目標数値がどのようになるのかを把握することも必要です。もし仮に公表している経営目標の達成が難しいことが判明した場合は、速やかに目標数値を修正することが必要です。金融商品取引所における適時開示規則においては、上場会社は開示している業績予想などの将来予測情報について、売上高の1割、利益の3割以上の修正が発生する場合には、当該修正について速やかに開示することが必要となりますので、この点についても留意する必要があります。

　独立役員としては、これまで記載したような観点から検討できる材料が業績報告資料において適切に記載されているかどうかを確認し、記載されていない場合は、資料の改善を求めていくことが重要な役割となります。

📖 参考文献

- 木村祐基＝柳良平『コーポレート・ファイナンスの実務』（中央経済社、2011）ほか

各論編

5　新規事業への参入

◆議案の概要◆

> 　　別添資料記載の市場調査・分析を踏まえて経営会議で決定された内容に従い、以下の概要で新たな事業部門を設ける。
> 　事業部門名：○○部
> 　人員配置：○○部長以下別紙1のとおり
> 　予算計画：当初○円、以下毎年○円（累計上限○円）
> 　事業計画：詳細は別紙2のとおり（以下抜粋）。
> 　・3年を目途に黒字化
> 　・遅くとも7年後までに累積赤字解消

◆議案の検討◆

▶ なぜ新規事業への参入が必要かについての検討が経営会議に委ねられ、その結論のみに言及されており、検討の過程が明らかでない。

▶ 金銭の時間的価値が考慮されておらず、資本コストの考え方が取り入れられていないように見受けられる。

◆一般株主の視点◆

　一般株主にとって、期待収益率を超えるリターンを得られるかどうかがその投資の成否を分けるラインとなります。いくらそのプロジェクトが黒字であるといっても、それが期待収益率（資本コスト）を下回っているのであれば、一般株主にとっては失敗であるといわざるを得ません。これは一般株主が貪欲であるからではなく、会社にとっても同様です。少し安易な表現になりますが、赤字でないことをもってよしとするのであれば、単に預金しているだけでも達成できるからです。

　独立役員には、一般株主の視点を取締役会の議論に持ち込み、新規事業が株主の期待収益率の観点からも説明が出来るものであるかを確認することが期待されます。

◆チェックリスト◆

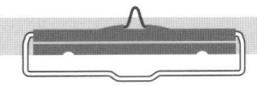

- ☐ **新規事業の進出の検討において資本コストの考え方が取り入れられているか。**
    - △：経験やノウハウの蓄積を過大評価し、当初の目論見どおりに推移しない場合であっても撤退を考えない。
    - ○：新規事業のIRR (Internal Rate of Return) やNPV (Net Present Value) といった、資本コストの視点から評価するときに必要な指標が取締役会に提供されている。
    - ◎：資本効率の観点を踏まえた投資採択基準や撤退基準が設けられ、新規事業への進出が市場にどう評価されるかという視点で、既存事業への投資も含めた他の選択肢との比較検討が行われている。

各論編

◆解説◆

1　投資採択基準の必要性

　企業活動においては、企業価値を高めるための投資を可能な限り採択して、積極的に将来のための投資を行うことが肝要であるといえます。しかしながら、企業の経営資源が限られていれば、自ずと採択できる投資も限られますから、投資の優先順位を決めなければなりませんし、起案された投資案件の中から企業価値を生まない投資を排除することも必要ですので、一定の投資採択基準を定めることになります。すなわち、企業が成長するために、あるいは企業価値創造のために投資は必須ですが、その際には、経営資源の限界や価値破壊的な投資の排除の観点から投資採択基準を検証することが重要になります。

　投資採択にあたって企業が考える基準には様々なものがありますが、従前から我が国の上場会社で実際に利用されてきた考え方は、「プロジェクトはいつ黒字化しますか」、「投下資金は何年で回収できますか」という側面が中心であったようです。

　しかしながら、一般株主の利益、すなわち会社の純粋な利益のためには、資本コストの観点が必須であり、資本支出予算においても、「資本コストを上回るリターンを上げてはじめて企業価値が創造される」という原則に立ち返ることが求められます。一部の日本企業においては、しばしば投資家から批判されているとおり、資本コストの概念が希薄であったといえます。企業と投資家の対話で、この点に起因する離齬がしばしば誤解や摩擦をもたらしているようです。このギャップを埋めるプロセスに独立役員も貢献することが期待されます。

2 資本コストを意識した基準

　一般株主の利益のために「資本コストを意識した基準」を検討するのであれば、NPV（Net Present Value）や IRR（Internal Rate of Return）が参考になります。しかしながら、少なくとも従前における我が国企業の資本予算においては、回収期間法に比べて NPV や IRR の普及率は決して高くないといわれてきました。

　しかし、会計上の利益や単なる資金回収期間よりも（それらも重要ですが）、資本コストを勘案したキャッシュフローの現在価値に依拠した NPV や IRR が企業価値の創造には重要であると考えられます。経営資源が無限にあるという前提を置いて単純化すれば、以下のルールが基本形となります。

(NPV ルール)
1．NPV がプラスなら、そのプロジェクトを採用する
2．NPV がマイナスなら、そのプロジェクトを採用しない

(IRR ルール)
2．IRR が割引率より高いなら、そのプロジェクトを採用する
2．IRR が割引率より低いなら、そのプロジェクトを採用しない

　いずれも厳密な意味は専門書に譲りますが、NPV とは、新規事業によって生み出される将来のキャッシュフローを現在価値に割り引いた金額から、初期投資額を差し引いたものです。NPV は投資によってどれだけのお金が増加することになるかを表した数字と言い換えることができ、NPV がプラスになるならば一般株主の視点で見ても企業価値が創造されることになります。

IRRとは、投資に対する利回りを意味します。IRRは企業が最低限必要とするリターンである割引率と比較することで投資採択基準となりますが、ここでいう割引率とは、この文脈においては資本コストを意味します。

上記の投資採択基準はいずれも当該投資に対する利回りが資本コストを上回るかどうかという判断を行うものであり、基本的には同じ考え方を異なるかたちで示したものということができます。

上記の投資採択基準の特徴は、時間的価値を加味して収益を評価していること、当該事業が会計的に黒字であったとしても資本コストを上回る価値を生み出せなければそのプロジェクトを採用しないとしていることの2点にあります。いずれの点も、従前から用いられてきた「プロジェクトはいつ黒字化するか」「投下資金が何年で回収できるか」というアプローチでは考慮されていなかったことです。

もっとも、いずれの基準も資本コストをいくらと設定するか、将来のキャッシュフローの成長をどう見積もるかといった点で恣意的な操作をする余地があります。独立役員が自ら計算する必要はありませんが、状況に応じて、その計算の前提となる部分に無理がないかを担当者に確認することや、不確定要素が変動した時にNPVにどのような影響があり、それが投資決定にどのような影響を及ぼすのかといった点に留意することが考えられます。

3 会社の事業全体の資本コストとの関係

経営資源に限りがある以上、資本コストを勘案した投資採択基準を充足すれば常にプロジェクトを進めればよいというものでないことはいうまでもありません。よりよい投資案件がないかという視点はもちろん、余剰資金の使途という意味でいえば、既存事業へ再投資することも考え

られますし、自己株式の取得及び消却、さらには配当といった株主還元によって資本効率を高めることも考えられます。

　もちろん、あるプロジェクトのNPVが計算上ゼロであったとしても、NPVの計算には織り込めなかった人材教育やノウハウの蓄積という面で大きな収穫になるかもしれず、それが将来のキャッシュフローの創造、企業価値の向上につながるという判断もあり得ます。しかし、資本市場を通じて一般株主から調達した資金で経営している以上、資本コスト・資本効率といった視点からも検討した上で意思決定を行うことが必要であり、独立役員においては、大まかな考え方だけでも把握して、必要に応じて企業経営陣の考え方を問いただし、将来の目標や改善策を確認して、一般株主に一定のロジックを持って説明することができるようにしておくことが求められます。

6　M&A その他事業再編

◆議案の概要◆

> 当社が新規に○○事業に進出するにあたり、非上場会社の◇◇株式会社との間で、○年○月○日付で、金○○円を対価として同社の事業を取得する契約を締結する。

◆議案の検討◆

▶ 新規事業参入の目的、新規事業に関する説明が十分でない。
▶ 事業取得の方法が明らかでない。
▶ 事業取得に伴う対価の規模及びその算定根拠が明らかでない。
▶ 新規事業参入後の見通しの説明が不十分である。

◆一般株主の視点◆

「新規事業への参入」の項に記載した事項の多くは M&A 取引にもあてはまりますが、M&A 取引においては、既存事業とのシナジーと M&A 取引において買主が支払うプレミアムについては特別な考慮が必要となります。

また、M&A 取引には様々な手法があり、どの手法によるかによって効果に違いがあることも留意を要します。所要期間や税効果、許認可の取扱いといった点のみならず、反対株主の買取請求権の有無といった一般株主の利害に直接的にかかわるものもあります。

なお、買収会社と被買収会社のいずれの立場の一般株主の利益を代弁しているかによって独立役員に期待される具体的な役割は異なりますが、基本的な考え方は共通です。

◆チェックリスト◆

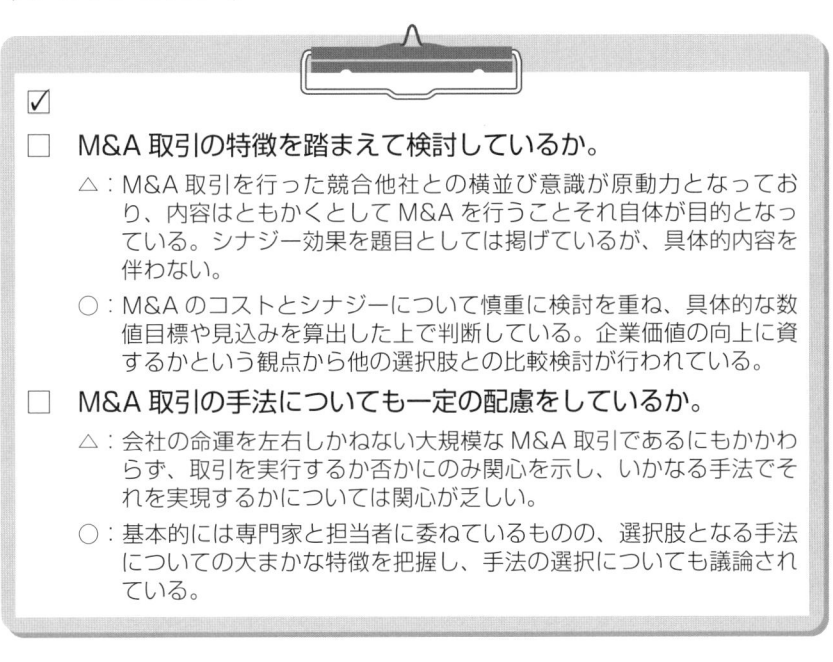

☑

☐ **M&A 取引の特徴を踏まえて検討しているか。**
　△：M&A 取引を行った競合他社との横並び意識が原動力となっており、内容はともかくとして M&A を行うことそれ自体が目的となっている。シナジー効果を題目としては掲げているが、具体的内容を伴わない。
　○：M&A のコストとシナジーについて慎重に検討を重ね、具体的な数値目標や見込みを算出した上で判断している。企業価値の向上に資するかという観点から他の選択肢との比較検討が行われている。

☐ **M&A 取引の手法についても一定の配慮をしているか。**
　△：会社の命運を左右しかねない大規模な M&A 取引であるにもかかわらず、取引を実行するか否かにのみ関心を示し、いかなる手法でそれを実現するかについては関心が乏しい。
　○：基本的には専門家と担当者に委ねているものの、選択肢となる手法についての大まかな特徴を把握し、手法の選択についても議論されている。

◆解説◆

1　M&Aとは

　M&A（Merger & Acquisition）とは、合併・買収を意味し、他企業との合併や他企業の株式・資産の取得等を総称するものとして使われます。

　M&Aは、既存事業の拡大や新規事業への参入、グループ内再編、事業承継などで用いられていますが、ここでは、新規事業に参入する場合を取り上げます。

　例えば、既存事業の業績が低迷し、経営戦略として新規事業の開拓を検討している会社があるとします。新規事業に必要な経営資源を自ら調達し、工場等の生産体制、販売網等を一から構築していく方法もありますが、それには多大な時間がかかりますし、新規事業ゆえに前提となる実績がないため、稼働後すぐに業績向上につながるかは不透明です。これに対し、すでに確立された既存事業を買収するのであれば、生産・販売拠点やノウハウの短期取得、当該事業に精通した人材の早期確保が可能となり、短期間かつ低リスクで新規事業に参入できます。これがM&Aの効用のひとつといえます。

　買収によって取得する対象は、事業譲受けや会社分割の場合のように事業資産そのものである場合と、株式譲渡や株式交換の場合のように対象会社の株式である場合があり、それに対して買収会社が支払う対価も、現金や自社の株式等があります。

　買収会社が支払う対価が株式の場合、諸費用等は別とすれば買収会社から現金が流出することはありませんが、既存の株主構成の変化や希薄化が生じることになります。一方、対価が現金の場合、必要資金が新たに借入れにより調達されることもあれば、内部留保された自己資金で賄

われることもあります。

どのような形態をとるにしても、上場会社が行うM&Aは、それによって企業価値の向上が見込めるものであるか、資本コストを上回る収益を上げられるものであるかという視点が欠かせません。

2　M&Aと企業価値

M&Aが価値を生むために考えるべきポイントがふたつあります。それはシナジー（相乗効果）とプレミアムです。

通常は現在の被買収会社の株価に一定のプレミアムを加算して買収価格とすることが多いようです。そうでなければ、現在の被買収会社の株主は株式の売却に応じないためです。

現金によるTOB（株式公開買付け）のM&Aの場合は、市場では、一般に20～30％ものプレミアムが平均値ともいわれています。被買収企業の株主は、売ればそこでおしまいで、現金がすべてだからです。一方で、買収会社の株主はプレミアムの支払いを望みませんので、買収によってそれを正当化するシナジーが得られることを説明する必要があります。

一方で、合併や株式交換では、一定の比率で被買収会社の株主は、買収会社、つまり新会社の株式と交換してもらえるわけですから、将来の企業価値の拡大のメリットを享受できます。新会社の将来に希望が持てれば、プレミアムはほとんどないケースもあり、中にはプレミアムがマイナスになるディスカウントのケースさえあります。つまり、被買収会社の株主も、引き続き新会社の株主として、良い意味でも悪い意味でもリスクをとることになります。

対価が現金であっても、株式であっても、M&Aの狙いとしてのシナジーがプレミアムの支払いを正当化します。M&Aの場面では、やはり

各論編

シナジーが重要ということになります。それがなければ、ふたつの会社が一緒になる理由がありません。シナジーには例えば、前向きな売上・利益の向上につながる「レベニュー・シナジー」とリストラによる「コスト・シナジー」があります。

M&Aの経済的合理性とシナジー・プレミアムの関係から、以下のような考え方を導くことができます。

買収価格
　＝被買収会社の時価総額＋株価対比の表面プレミアム
　＝DCFによる本源的価値＋実質のプレミアム
　＝DCFによる本源的価値＋被買収会社の株主のメリットとしてシナジーの一部（注：残余部分のシナジーは買収会社の株主のメリットになる。）

シナジー
　＝被買収会社の株主のメリット＋買収会社の株主のメリット
　＝リストラによるコスト・シナジー＋売上増加等のレベニュー・シナジー

理論的には、買収会社の株主も被買収会社の株主もメリットを享受できるWin-Winの関係が成り立たないとM&Aは成就しないことになります。それを担保するのが独立役員の役割で、被買収会社の独立役員は買収価格が自社が考える企業の本源的価値を上回る価格であること（売却メリットの確認）を確認すべきであり、買収会社の独立役員は買収価格が被買収価格の本源的価値に実現可能なシナジーを加算した金額の範囲内であることを担保すべきなのです（高値掴みoverpayの回避）。

このように、「守り」のM&Aでも、「攻め」のM&Aでも、買収会社でも被買収会社でも、企業価値の定義と測定、シナジーとプレミアム、

それらに基づく詳細の企業価値の定量的な説明が、株主に対する企業経営者の受託者責任として求められます。そして、そのプロセスにおいて、独立役員は一般株主の代表として企業価値の創造を担保する役割を担うことになります。

3　M&Aの手法

　M&Aの手法としては、合併、会社分割、株式交換、株式移転、事業譲渡（譲受け）、株式の譲受けが考えられます。実施にあたっては、対象会社又はそのオーナー等との間の契約（合併契約、株式譲渡契約等）の締結を取締役会で決定し、会社法上株主総会決議による承認が必要とされることがあります（買収の対価として交付される財産の規模や買収会社と対象会社との支配関係、M&Aの手法により、株主総会決議が不要となる場合もあります。）。

　どの手法を用いるかはM&Aの目的によって異なります。対象会社の事業を取得しようとする場合、一部の事業に関連する事業資産のみ対象とするならば事業譲渡又は会社分割、対象会社を子会社化しようとするならば株式交換や株式取得、対象会社ごと自社に取り込もうとするならば合併といったように、様々な選択肢が考えられますが、手法によって会社法上求められる手続が異なり、また会計や税務上の効果も変わってきます。また、買収会社側の目的だけでなく、対象会社又はそのオーナー側の意図や要望も踏まえる必要があります。したがって、手法の選択にあたっては、様々な考慮要素を検証した上で、そのM&Aを行う目的に最も適した手法が選ばれているはずです。

　合併や買収の基本的な内容は対象会社又はそのオーナー等との間で締結される契約によって定められますが、当該契約は、取締役会に議案として提出される前に相手方との交渉により内容が固まっていることがほ

とんどですので、交渉の経緯について経営陣に説明を受けた上で、当該取引を行うことのメリットやリスクが合理的に評価されているか等を確認することが望ましいといえます。

4　企業価値の評価

　M&Aを行うにあたり、実務上最も重要なのは、取得の対象の価値をいくらと評価するかです。対象会社の事業や株式にどれだけの価値を見込んで買収価額を設定するかによって、買収会社が対価として支払う株式や現金の規模が決まるので、価値評価は買収会社の株主の利害にも大きくかかわってきます。

　企業価値の評価のために実施されるプロセスが、デューデリジェンス（Due Diligence）です。これは、主にビジネス、財務、法務の観点からそれぞれの専門家（コンサルティング会社や監査法人、法律事務所）が対象会社又はその事業の実態を調査し、問題点を把握するために行われるものです。想定外の債務を発生させる事実や訴訟等の法的リスクが発見された場合、それらは契約上の条件又は買収価額・比率の調整に反映されますし、また、問題点を事前に把握することにより、買収の実行前に当該問題点を解消することが可能となります。

　したがって、買収の実施を決定するにあたっては、これらのデューデリジェンスが適切に行われたかどうかを確認する必要がありますし、それぞれの調査結果の報告書の内容を取締役会において検証することが重要です。

　また、実際の買収価額・比率を決定するにあたっては、買収会社からも対象会社からも独立した第三者算定機関（多くの場合、証券会社や監査法人が担当します。）に算定を依頼することが一般的です。第三者算定機関は、上記のデューデリジェンスの結果を踏まえた上で、企業価値算定

方法を用いて算定を行います。企業価値算定方法にも様々な手法がありますが、前向きな経営戦略の一環として買収が行われる場合、買収による相乗効果、すなわちシナジーの発生を見込むことが多く、そのような場合には、一定期間の利益計画に基づき、対象会社又は事業が将来生み出すであろうキャッシュフローをもとに算定を行う方法や対象会社の純資産をもとに評価する方法等が用いられます。

実際の買収価額・比率は、上記の算定結果を踏まえた上で、買収会社と対象会社又はそのオーナー等の合意で決定されます。この交渉・合意は、最終的には経営陣の経営判断に委ねられるところではありますが、もちろん、買収会社によっては実際の企業価値から大きく外れた不当に高いものであってはなりませんので、買収価額・比率の検証にあたっては、算定のベースとなった事業計画や第三者算定機関が作成する価額算定書の内容、案件によっては統合に要するコストも踏まえて、当該価額・比率となった理由を確認することが求められます。

なお、金融商品取引所の規則上、合併、会社分割、株式交換及び株式移転の組織再編を行う際はその規模にかかわらず適時開示を行うこととされており、当該組織再編の対価として交付される財産の算定根拠については適時開示資料に必ず記載し、株主に対して開示することとされています。

参考文献

- 伊藤邦雄『ゼミナール企業価値評価』（日本経済新聞出版社、2007）
- 田中佑児『M&Aにおける投資価値評価と投資意思決定』（中央経済社、2012）

7　買収防衛策

◆議案の概要◆

> 当社は、本年○月○日開催予定の第○○回定時株主総会における承認を条件として、議決権割合を20％以上とすることを目的とする当社株式の買付行為又は結果として議決権割合が20％以上となる当社株式の買付行為に関して、以下の対応策を導入することとしたい。
> 　　タイプ：事前警告型
> 　　内容：大規模買付ルールの設定（詳細は別紙）
> 　　　　　大規模買付ルールが遵守されなかった場合の対抗措置（詳細は別紙）

◆議案の検討◆

▶ 買収防衛策の合理性に関する説明が不足している。
▶ 株主及び投資者に与える影響についての考え方を明らかにする必要がある。

◆一般株主の視点◆

買収防衛策は、本来、企業価値を損なうような買収提案から株主の利益を守る目的のものです。しかしながら、買収防衛策が被買収会社の経営陣の保身のために濫用されたときは、一般株主にとって望ましい買収も阻害してしまうおそれがあります。

被買収会社の独立役員には、経営陣が適切に買収防衛策の導入の是非を検討し、かつ、実際に発動する局面においてはその導入の趣旨に沿って運用しているかについて、一般株主の視点から監視・監督することが求められます。

◆チェックリスト◆

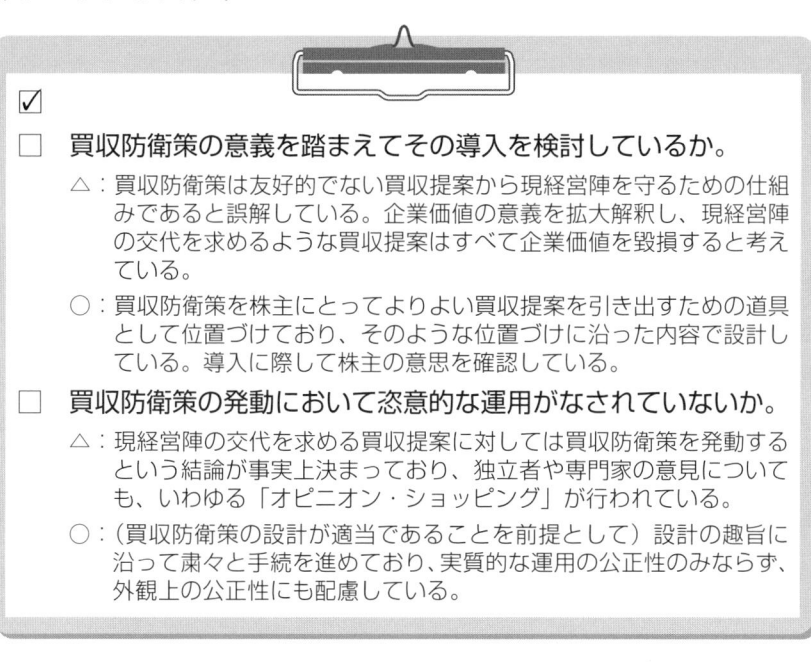

- ☐ **買収防衛策の意義を踏まえてその導入を検討しているか。**
    - △：買収防衛策は友好的でない買収提案から現経営陣を守るための仕組みであると誤解している。企業価値の意義を拡大解釈し、現経営陣の交代を求めるような買収提案はすべて企業価値を毀損すると考えている。
    - ○：買収防衛策を株主にとってよりよい買収提案を引き出すための道具として位置づけており、そのような位置づけに沿った内容で設計している。導入に際して株主の意思を確認している。
- ☐ **買収防衛策の発動において恣意的な運用がなされていないか。**
    - △：現経営陣の交代を求める買収提案に対しては買収防衛策を発動するという結論が事実上決まっており、独立者や専門家の意見についても、いわゆる「オピニオン・ショッピング」が行われている。
    - ○：（買収防衛策の設計が適当であることを前提として）設計の趣旨に沿って粛々と手続を進めており、実質的な運用の公正性のみならず、外観上の公正性にも配慮している。

◆解説◆

1　買収防衛策とは

　ひとことに買収防衛策といっても、様々な内容が含まれますが、経済産業省・法務省による「企業価値・株主共同の利益の確保又は向上のための買収防衛策に関する指針」（企業価値防衛指針）によれば、買収防衛策とは「株式会社が資金調達などの事業目的を主要な目的とせずに新株又は新株予約権の発行を行うこと等により自己に対する買収の実現を困難にする方策のうち、経営者にとって好ましくない者による買収が開始される前に導入されるもの」と定義されており、本項目でもこの定義を前提とします。

　代表的な買収防衛策としては事前警告型と信託型ライツプランが挙げられますが、前者は、大規模買付けに備えてあらかじめ買付けに関するルールを定めておき、敵対的買収者が当該ルールに反した場合又は敵対的買収者の提案そのものが企業価値を毀損するおそれがある場合には株主に無償で新株予約権（敵対的買収者は行使できないように条件が設定されます。）を割り当てる等の対抗措置を発動するもの、後者は、事前警告型の基本的な仕組みに加えて、あらかじめ新株予約権を信託銀行に信託した上で、敵対的買収者が出現した時点で株主を特定し、買付けに関するルールに違反した場合等に新株予約権を交付するものです。いずれの手法も、対抗措置の発動後は、敵対的買収者の株式又は潜在株式の保有比率が低下するので、敵対的買収者はさらに株式を買い付ける必要があることとなり、買収目的の達成が困難になります。

2　買収防衛策の留意点

　買収防衛策は、買収やその提案による企業価値の毀損から株主を守る機能を持ちますが、一方で、株主間で異なる取扱いをすることにより株主平等原則に違反するおそれや、経営陣が保身のため会社にとって有用な買収提案まで退けてしまい、かえって株主共同の利益に反する結果を招くおそれもはらんでいます。

　過去において、一部の企業が「企業価値」を曖昧で計測不可能な概念（例えば、企業文化、従業員の心情、地域社会との関係）として買収防衛策に織り込んだため、買収価格の如何にかかわらず、一般株主が買収に際して株式を売却する権利が脅かされる事態になりました。

　経営陣が企業価値を恣意的に解釈し、どんな買収提案も計測不能な企業価値を毀損するおそれがあると主張することが許されれば、保身のために買収防衛策が運用され、株主共同の利益に資する買収提案であっても排除することが可能になってしまいます。

　そこで、買収防衛策の内容は必要かつ相当なものでなければならず、また対抗措置の発動判断においては、経営陣の恣意によらず、企業価値及び株主利益の向上に資するかどうかが客観的に検証されるような手続を設定しておく必要があります。

　なお、買収防衛策の導入又は導入後の継続の決定にあたっては、①取締役会決議による方法、②株主総会の普通決議による方法、③株主総会の特別決議による方法に大別され、多くの場合、株主総会へ付議されています。株主総会決議を経ずに買収防衛策を導入・継続することができる場合もありますが、取締役会決議のみで決定することについては投資家からの批判が多いところであり、株主の意思を確認するのが望ましい手続といえます。

3 対抗措置の発動判断における独立役員の役割

　対抗措置の発動判断手続については、①取締役会のみで判断する仕組み、②独立委員会による勧告を行う仕組み、③株主総会や株主投票により株主意思を確認する仕組み、④独立委員会の勧告と株主意思の確認を併用する仕組みがあります。

　独立委員会は、弁護士や会計士等の社外有識者がメンバーとなっている場合もありますが、上記の企業価値防衛指針において「内部取締役の保身行動を厳しく監視できる実態を備えた独立性の高い社外取締役や社外監査役（独立社外者）の判断を重視するよう設定しておけば、株主や投資者に対し、取締役会の判断の公正さに対する信頼を生じさせる効果があ」るとされているように、上場会社の事業等を把握しており、かつ経営陣からの独立性が高い独立役員は、独立委員会の構成員に適しているといえます。また、独立委員会は、一般株主の利益保護という独立役員の役割がまさに発揮される場面といえます。

　具体的な対抗措置の発動判断手続は上場会社によって様々ですが、一般に、独立委員会は、取締役会の諮問に対して、敵対的買収者による大規模買付行為が大規模買付ルールに従っているか否か、大規模買付行為への対抗措置を発動すべきか否かの検討を行った上で、取締役会に対して対抗措置の実施又は不実施について勧告を行うものとされています。

　したがって、独立委員会のメンバーとしての独立役員は、上場会社に敵対的買収者が現れた場合、経営陣の意図に左右されることなく、客観的な立場から当該買収者の買収提案を吟味しなければなりません。取締役会から十分な情報及び資料の提供を受けることはもちろん、必要に応じて買付者と直接又は間接にコンタクトをとって協議・交渉することも含めて、真に企業価値の向上、株主共同の利益の維持・向上に資するか

どうかを判断する必要があります。

📖 参考文献
- 三菱 UFJ 信託銀行証券代行部編『買収防衛策の導入傾向と事例分析〔平成22年6月総会会社の実態〕』別冊商事法務357号（商事法務、2011）

8　新株発行等による資金調達

◆議案の概要◆

> 　下記発行要項のとおり、◇◇投資事業有限責任組合を割当先として第三者割当による新株発行を行いたい。
> 　募集株式の数：　　　　　　普通株式○株（希薄化率○％）
> 　募集株式の払込金額：　　　１株につき○円
> 　　　　　　　　　　　　　　（前日の終値から○％のディスカウント）
> 　払込金額の総額：　　　　　○○円
> 　増加する資本金の額：　　　○○円
> 　増加する資本準備金の額：　○○円
> 　払込期日：　　　　　　　　平成○年○月○日

◆議案の検討◆

▶ 調達金額を決定した理由（新株発行によって生じる希薄化の規模の根拠）が明らかでない。
▶ 資金使途が明らかでない。
▶ 払込金額の算定根拠に係る説明が十分提供されていない。
▶ 割当先に関する情報が提供されていない。
▶ （公募やライツ・オファリングではなく）第三者割当の方法によることの理由が明らかでない。

8 新株発行等による資金調達

◆一般株主の視点◆

　近時、新株発行による資金調達において、一般株主の利益が害される事例が相次いでいます。特に増資においてインサイダー取引が行われていることが問題視されましたが、新株発行は「売り」、つまり株価を下げる要因であると認識されていることも問題です。その背景には、その調達資金で何をするか、なにゆえに他の資金調達方法ではなく新株発行による資金調達が選択されたのかという点についての説明（「エクイティストーリー」といわれることがあります。）が十分でないと評価されていることもあります。

　独立役員には、なぜ新株発行による資金調達が必要か、また調達資金の金額をどのように決定したのかを確認した上で、一般株主が納得するような説明を行うよう促すことが期待されます。

◆チェックリスト◆

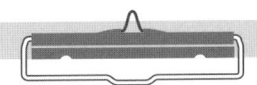

☑

☐　**新株発行による資金調達の意義を踏まえた議論がなされているか。**

　△：新株発行による資金調達は、元本を返還しなくてもよく、利息も「あるとき払い」になる借入れのようなものという程度の理解であり、状況が許せば極力新株発行による資金調達がよいと考えている。

　△：資金調達は財務担当執行役員や財務担当取締役が考えるべきことであるとして、他の取締役の関心が乏しい。

　○：新株発行によってデットとエクイティの構成比が変わり、会社の資本構成に影響することが理解されている。新株発行は、当社の事業モデルも勘案した最適資本構成を追求する一手段として位置づけている。

　◎：上記に加え、新株発行によって一般株主が受ける影響まで加味し、エクイティストーリーについても十分に検討し、説明を尽くしている。

◆解説◆

1 新株発行等による資金調達の意義

　株主は、原則として出資した資金の返還を求めることができず、配当も保障されませんが、従業員や取引先といった会社の他の利害関係人の取り分を除いた残余が株主に帰属するため、会社の事業が成功すれば、保有する株式数に比例して大きな利益を手にすることができる地位にあります。

　もっとも、当然ながら上場会社においては多くの株式が発行されており、同一種類の株式であれば株式数に応じて平等な取扱いが要求されますので（会社法109条1項）、同一種類の株式が増えれば増えるほど、一株あたりの価値が減少する傾向にあります（会社が自社株買いと消却を行うのはこの逆で、一株あたりの価値を増大させる方向に働きます。）。

　したがって、事業が同じであれば、既存株主にとっては、新株発行等によって新たな株主が出現するのは望ましいことでないのは当然といえます。

　もっとも、新たな株主が出資を行い、会社がその出資された財産を運用することによって既存事業と同等かそれ以上の利益を生むならば、一株あたりの価値が減少することにはなりません。この場合においては、議決権の希薄化は別とすれば、既存株主が新たな株主の出現を拒む理由はなくなります。

　会社法は、新たに出資された財産がどう運用されるかは問題にせず、既存株式の時価に相当する金額が出資されるのであれば、発行可能株式総数の範囲内において、株主の意思を問うことなく取締役会で新株式の発行を決めることができる規律を採用しています（会社法199条3項、201条1項）。

しかし、PBR（株価純資産倍率、株価を一株当たり純資産額で割ったもの。）が1倍を切っている会社も多い中で、現在の株価と同等の資産を出資しても、やはり一株あたりの価値が減少することもあります。他方で、新規出資がなければ会社が倒産の危機にさらされるような場合もあり、そのエクイティ・ファイナンスが既存株主の目にどう映るかは慎重な見極めが必要です。

これに加えて、第三者割当による特定の者への株式の割当ては、上場会社による株主の選択につながるおそれがあり、独立役員は既存株主の利益を保護する観点から、発行条件や希薄化の規模が合理的なものかどうかを、資金調達の必要性、調達資金の相当性、資金使途の合理性等を踏まえて検証する必要があります。

特に、払込金額に係る有利発行の該当性や希薄化の合理性については、後述のとおり、金融商品取引所の規則上、監査役や独立した者の意見が求められることがありますので、議案の内容や第三者割当が提案されるに至った理由・経緯、発行価額決定や割当先選定に係る検討内容を具体的資料とともに確認することが重要です。

2　エクイティ・ファイナンスの類型

会社法上、株式の発行については、株主割当てによる方法とそれ以外の方法に区別されていますが、上場会社が株式や新株予約権の発行によるエクイティ・ファイナンスを行う場合は、上記の分類でいえば株主割当て以外の方法に該当する公募や第三者割当によることがほとんどです。

公募は、不特定多数の投資者を勧誘して株式等を発行するもので、市場を通じた資金調達方法ということができます。不特定多数の者に株式等が割り当てられ、また原則として時価発行が行われるため、既存株主の利益に与える影響は比較的少ないと考えられますが、市場において株

式等の需要があることが前提となるため、利用しにくい場合もあります。

　第三者割当は、特定の第三者に対してのみ株式等を割り当てる方法で、会社と割当先が資本業務提携を行う場合や公募が利用できないような場合等に用いられます。

　なお、ライツ・オファリング（ライツ・イシューともいわれます。）も、公募や第三者割当と並ぶエクイティ・ファイナンスのひとつといわれています。ライツ・オファリングは、会社法277条に基づいてすべての株主に対して新株予約権を無償で割り当て、その新株予約権が行使されることによって資金調達が行われるもので、株主は新株予約権を行使して株式を取得するか、市場で新株予約権を売却して金銭を取得するかを選択する仕組みを持つものです。

3　有利発行

　上記のとおり、払込金額が株式を引き受ける者に「特に有利な金額である場合」は発行の決定について、株主総会決議が必要となります。
　株主総会決議が必要となる「有利発行」とは、払込金額が公正な金額よりも低い場合をいいます。
　なお、上場会社の株式については、日本証券業協会が出しているガイドラインである「第三者割当増資の取扱いに関する指針」の基準を参考としている事例が多く見られます。この指針においては、
　「払込金額は、株式の発行に係る取締役会決議の直前日の価額（直前日における売買がない場合は、当該直前日からさかのぼった直近日の価額）に0.9を乗じた額以上の価額であること。ただし、直近日又は直前日までの価額又は売買高の状況等を勘案し、当該決議の日から払込金額を決定するために適当な期間（最長6か月）をさかのぼった日から当該決議の直前日までの間の平均の価額に0.9を乗じた額以上の価額とすること

ができる」
とされています。

　これを踏まえると、特に新株式を直近の株価の10％引きよりも安く発行するときは、有利発行の規律の該当性を特に慎重に検討する必要があると考えられます。

　発行条件の判断にあたっては、市場株価を基準としつつも、有利発行規制のほか、発行体の信用リスクや株式の消化可能性等の様々な要素を考慮した上での検討が求められますので、取締役会に必要な情報が提供されていることを確認の上、必要に応じて基礎資料を検討して、一般株主の利益保護という観点を踏まえた上で発行条件が決定されているかを検証することが必要です。

　また、上場会社が１億円以上の第三者割当を行う場合、金融商品取引所における適時開示が必要となりますが、その際、金融商品取引所が必要と認めるときは、払込金額が特に有利でないことに係る適法性に関する社外監査役を含む監査役又は監査委員会の意見を開示しなければならないとされています。したがって、独立役員である社外監査役は、上記の意見を求められる事案では、払込金額について第三者算定機関の算定書が取得されている場合は当該算定書の内容を確認した上で、払込金額の算定根拠について慎重に検証することが必要です。

4　資金調達の必要性、調達規模の相当性、資金使途の合理性

　資金調達に関する議案では、資金調達の必要性、調達規模の相当性、資金使途の合理性の検討が重要となります。特に、エクイティによる資金調達においては、株式等の発行に伴い、既存株主の権利・利益の希薄化が生じることから、当該発行を行うことについて説得的な理由がなければなりません。なぜこのタイミングで資金調達をするのか、資金使途

は上場会社の財務状況・業務状況に照らして必要なものか、調達金額は当該資金使途に見合った規模となっているか、また第三者割当が資本業務提携に伴うものである場合は当該提携が当該会社にとって有効なものであるか等を、第三者割当が提案されるに至った理由・経緯を踏まえて確認することが必要となります。また、その第三者割当後の資本構成が当社の事業内容等に照らして妥当かという観点も欠かせません。

5　割当先の選定

割当先は新たに上場会社の株主となるものであることから、割当先が既存の株主や他の上場会社でない限り、その属性については慎重な検討が求められます。

特に、割当先が個人又は投資事業有限責任組合等である場合は、上場会社が割当先を選定した経緯・理由や、割当先の資力を確認する必要があります。適時開示においても、割当先の属性や資力については必須の記載事項となっており、さらに、上場会社又は取引参加者以外の者である場合は、当該割当先等が反社会的勢力でないことを会社が確認した旨の確認書を金融商品取引所に提出することになっています。

発行決議を行った後に割当先の資力に問題があることが発覚し、払込みがなされなかった場合、当初予定した資金調達が実現できずに会社の事業計画等に影響が出ることに加え、会社の情報開示について投資者の信頼を失う事態を招きかねません。また、仮に割当先やその役員、主要株主、出資者（割当先がファンドの場合）等が反社会的勢力と関係があることが発覚した場合、会社自身の評判・社会的信用に悪影響を及ぼすおそれがあります。

割当先の属性の確認にあたって、会社が民間の調査会社等を使って割当先の属性を確認している事例も多く見られますので、場合によっては

取締役会においてそのような調査報告書の提示を求め、確認を行うことが望ましいといえます。

6　企業行動規範上の手続

　金融商品取引所の規則で定められている企業行動規範において、上場会社が第三者割当を行うにあたり、希薄化率が25％以上となるとき又は支配株主が異動するときは、原則として、①経営陣から一定程度独立した者による第三者割当の必要性及び相当性に関する意見の入手、又は②株主総会の決議などの株主の意思確認を行わなければならないとされています。第三者割当においては、上場会社の経営者が大株主を選ぶというような事態（本来は、株主が経営者を選ぶという関係にあるはずですが、この関係が逆転してしまうということです。）が起こり得ます。そこで、希薄化に伴う影響が大きい場合又は支配株主が新たに出現する場合には、上場会社の経営陣による判断だけではなく、経営陣から一定程度独立した者による検証又は既存株主自身による判断が求められています。

　株主総会の開催は、上場会社にとって多大なコストと時間を要しますので、①の意見入手が選択されることが多いようです。そして、この「経営陣から一定程度独立した者」としては、第三者委員会、社外取締役、社外監査役などが想定されており、独立役員である社外取締役又は社外監査役が意見を述べることが求められることも珍しくありませんので、今回提案されている第三者割当が既存株主の利益に資するものかという視点から検証を行うことが期待されます。

📖 参考文献
- 鈴木克昌ほか『エクイティ・ファイナンスの理論と実務』（商事法務、2011）

9　借入れによる資金調達

◆議案の概要◆

> 運転資金に充てるため、○○銀行から下記の条件にて金10億円を借り入れる。
> 期間：　2012年6月末日から3年間
> 利率：　短期プライムレート＋△％
> 備考：　その他の貸付条件は○○銀行所定の銀行取引約定書に従う。

◆議案の検討◆

▶ 資金使途の具体的内容が明確でない。
▶ 当該資金調達後における資本構成が示されていない。
▶ 貸付条件の大半が引用となっており、情報として完結していない。

9　借入れによる資金調達

◆一般株主の視点◆

　借入れによる資金調達は、経営判断に属する事項となります。しかし、一般株主から見れば、借入れによる資金調達と備品の購入や従業員の雇用といった一般的な経営判断事項は性質が異なります。借入れは会社の資本構成にかかわるため、一般株主の利害に影響を与えやすいためです。例えば、エクイティに対するデットの割合が高まると、ROEが上がることが期待されますが、同時に、倒産リスクも高まります。また、近時では、資金提供を受けるための手法も多様化し、エクイティに近い性質を持つものもあります。

　独立役員は、取締役会において、上記のような一般株主の視点も加味した議論がなされるよう促すことが期待されます。

◆チェックリスト◆

- ☑
- ☐ 借入れによる資金調達の意義を踏まえた議論がなされているか。
    - △：長年の付き合いがある銀行からの借入れを見直すことは全く想定されていない。
    - △：資金調達は財務担当執行役員や財務担当取締役が考えるべきことであるとして、他の取締役の関心が乏しい。
    - ○：借入れによってデットとエクイティの構成比が変わり、会社の資本構成に影響することが理解されている。借入れは、当社の事業モデルを勘案した最適資本構成を追求する一手段として位置づけている。
    - ◎：上記に加え、多様な資金調達手段を比較検討した上で、資金需要の性質に即した借入れとなるように検討されている。

◆解説◆

1 借入れと会社法の規律

　銀行借入れは「多額の借財」（会社法362条4項2号）として取締役会決議事項となるほか、これに該当しない場合であっても、取締役会付議基準といった社内規程に基づいて、一定金額以上の借入れを取締役会決議事項として定められている場合があります。

2 貸付条件の精査

　他のすべての議案と同様に、必要な情報が取締役会に提供されているかを確認することが第一歩となります。

　借入れによる資金調達のケースにおいて特に留意すべき点として、契約内容の詳細を引用や省略で済ませることが多い点が挙げられます。金銭消費貸借の契約書は、ほとんど銀行取引約定書の引用で済ます場合もあれば、50ページを超えるような詳細な契約となる場合もあり、保証契約や担保権設定契約を伴うもの、さらには10本以上の契約を複雑に組み合わせるストラクチャード・ファイナンスの手法を用いることもありますので、担当役員がそのすべてを説明する必要なしと判断する場合があるのもやむを得ないところです。

　すべての契約内容を把握することまでは求められませんが、必要と考える場合には確認することができるようになっていることが大切です。

3 資金使途について

　借入れによる資金調達についての情報が揃ったとしても、個々の条件

をどの程度精査・検討することが求められるかは、事案により異なります。ここでは、特に着目すべき項目として、資金使途を取り上げます。

資金使途は、その合理性の有無及び内容によって、そもそも資金調達を実行すべきか否か、さらにはいかなる資金調達方法を用いるかにも大きな影響を与える重要な項目です。

例えば、資金使途が事業の買収資金であれば、その買収対象事業に期待される収益と既存事業の収益の比較が資金調達を実行するか否かの判断において有用です。

そして、仮に買収を実行するとの結論に達しても、買収対象事業から安定的なキャッシュフローが見込まれる場合には、企業全体の信用力から当該買収対象事業の信用力を切り離したほうが有利な条件を引き出すことができる可能性もあります。仮にそうなれば、ストラクチャード・ファイナンスに切り替えることも考えられます。

これに対し、既存事業の維持や拡張のために用いられる資金であれば、企業全体の信用力に基づいて借り入れることになじみます。

もっとも、その場合であっても、例えば、その運転資金が短期で出入金を繰り返すものであれば、全額を一括で借り入れるよりも、いわゆるコミットメントラインを設定するほうが合理的である場合も考えられるほか、長期的な設備投資であれば、銀行借入れよりもむしろ新株や社債の発行のほうが合理的である場合もあります。

したがって、運転資金や借換資金といった曖昧な表現を見逃さず、その具体的内容を踏まえて判断することが考えられます。

また、利率その他銀行借入れそれ自体の条件の妥当性のみにとらわれず、多種多様な資金調達方法のうち銀行借入れを選択した理由を精査することも必要となる場合があるため、他の資金調達方法についての知識も有用です。

4　取引銀行の選定

　ある特定の銀行から借り入れることが所与の前提とされていると、利率をはじめとする貸付条件について競争が働きにくくなります。特に、当該銀行の出身者が取締役や監査役として選任されている場合には留意が必要となります。長年の交誼を踏まえてメインバンクとの取引を継続するという判断それ自体は経営判断の問題ですが、他行であったらどれくらいの水準の金利で借り入れることができるのかを確認し、「長年の交誼」の名の下にどの程度一般的な水準から乖離した条件を受け入れているかを把握した上で判断することが求められます。

5　資本構成の検討

　借入れは数ある資金調達手法のひとつであり、新株発行による資金調達と異なり、いわゆるレバレッジ効果を生じさせるものであることに留意が必要です。

　一般的には、他人資本の増加はROEや一株当たり利益を押し上げる要因となりますが、倒産リスクを増大させます。自己資本の増加は一株当たり利益の減少を招きますが、倒産リスクを減少させます。これに加え、利息は税務上損金として取り扱われるのに対し、配当は税務上損金として取り扱われないという特質も考慮した上で、各社のビジネスモデル及び財務状況に応じた最適な資本構成を模索することとなります。

📖 参考文献

- 武井一浩ほか『資金調達ハンドブック』（商事法務，2008）

10　剰余金の処分

◆議案の概要◆

　当社は、必要かつ十分な内部留保の維持と適切な株主還元とをバランスよく実施することを剰余金の配当の基本方針としております。当期の期末配当につきましては、この方針に基づき、当期の当社の業績、今後の事業計画及び業績見通し、中長期的な投資の機会等を勘案し、以下のとおりとさせていただきたいと存じます。

　1．配当財産の種類：　　　　　　　金銭とする
　2．配当財産の割当に関する事項：
　　　　　　普通株式1株につき　金○円　総額○円
　3．剰余金の配当が効力を生じる日：
　　　　　　　　　　　　　　　平成○年○月○日

◆議案の検討◆

▶ 配当の基本方針の内容が具体的でなく、それが適切であるかどうか判断できない。
▶ 内部留保についてどのように活用されるのかが具体的にわからず、配当の水準が適切かどうか判断できない。

◆一般株主の視点◆

　一般株主にとって、剰余金の処分は、投資に対するリターンの回収方法として重要です。もっとも、一般株主が配当や自己株式の取得・消却、さらには株主優待によって還元することだけを求めていると考えるのも早計です。つまり、会社の事業から生じた利益を効率的に、すなわち株主の期待収益率を超えて再運用できるのであれば、利益を配当せずに新規投資に回すことが一般株主の利益や会社の利益につながります。したがって、配当政策は、常に効率的な再投資・新規投資の可能性を意識して策定されるべきですし、なぜそのような配当政策を採用したのかについて一般株主に対して説明を尽くし、納得を得ることも重要です。

　独立役員には、会社の配当政策が一般株主にとって合理的なものとなっているかを確認するとともに、配当政策の背景にある会社の考え方を投資家に伝えるための努力をすることが期待されます。

◆チェックリスト◆

- ☑
- ☐ 企業価値の向上という観点から剰余金の取扱いを定めているか。
  - △：例年通りの配当を行うことが第一であり、仮に大きな利益を上げてもよほどでなければ株主への還元を考えず、翌年以降の配当原資や万一のときに備えて留保するのが通例である。
  - ○：一定の配当政策に関する方針を定め、来期以降の事業計画や投資計画などの資金需要を念頭において議論している。
  - ◎：資金需要のみならず、ROEや資本構成への影響まで加味して定めている。自己株式の取得・消却や配当、内部留保と再投資による株価上昇といった様々な方法を念頭に、一般株主の視点を加味して議論している。

各論編

◆解説◆

1 配当の意義

　剰余金の配当は、会社が株主に対して会社の財産を分配する行為であり、営利を目的とする株式会社の本質的な活動のひとつです。

　また、剰余金の配当請求権は、残余財産の分配請求権と並び株主が会社から直接に経済的利益を受ける自益権の代表的なものであり、株主にとって重要な権利です。

　剰余金の配当を含む株主還元は、投資家の投資判断においても、企業の収益性や成長性と並んで、基本的な要素といえます。生命保険協会が機関投資家152社を対象として実施したアンケート調査においても、9割近い投資家が、投資に際して「配当を最重要視している」あるいは、「配当を一定程度考慮に入れて選別を実施している」と回答しています【図表10-1】。

　このようなことから、配当政策、すなわち、「上場会社の税引き後利益のうち、どれだけを配当として株主に支払い、どれだけを社内に留保

【図表10-1】　投資における配当の重要度

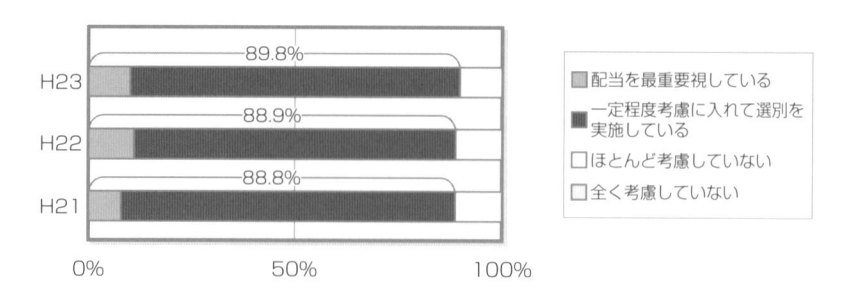

	配当を最重要視している	一定程度考慮に入れて選別を実施している	ほとんど考慮していない	全く考慮していない
H23		89.8%		
H22		88.9%		
H21		88.8%		

（出典）　平成23年度　生命保険協会調査「株式価値向上に向けた取り組みについて」

して事業に再投資するか」は、上場会社が決定しなければならない重要な財務政策のひとつとなります。

2　配当政策の決定

　上場会社はどのようなときに配当を行い、どのようなときに内部留保すべきなのでしょうか。

　理論的には、上場会社がその資本コストを上回るリターンを上げられる投資機会を有しているのであれば、会社法上は分配可能な剰余金でも株主に配当せず、上場会社が新規投資に充てて、企業価値の向上を図ることが一般株主の利益を最大化させることにつながり、望ましいということが基本的な考え方になります【図表10-2】。

　逆に、上場会社がその資本コストを上回るリターンを上げる投資機会を有していない場合は、分配可能な剰余金は株主に配当することが、一般株主の利益を最大化させることになります。配当せずに資本コストを下回るリターンしか上げられない投資機会に投資してしまうと、逆に企業価値を下げる結果となってしまいます【図表10-2】。

　もちろん、上場会社の配当政策がすべて上記の基本的な考え方のみで決定されるわけではありません。内部留保して新規投資に回したほうが

【図表10-2】　配当政策の基本的な考え方（イメージ）

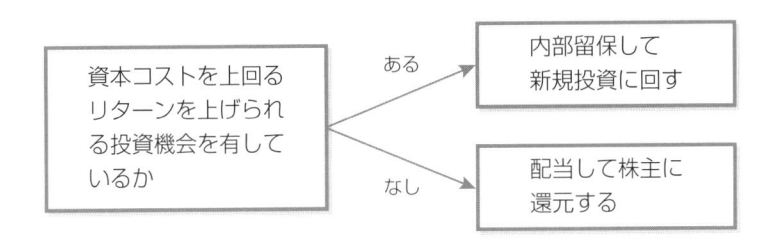

```
                          ある   ┌──────────────┐
┌──────────────┐  ─────→  │ 内部留保して     │
│ 資本コストを上回る │           │ 新規投資に回す   │
│ リターンを上げられ │           └──────────────┘
│ る投資機会を有して │
│ いるか            │           ┌──────────────┐
└──────────────┘  ─────→  │ 配当して株主に   │
                          なし   │ 還元する         │
                                 └──────────────┘
```

株主の利益になるのか、あるいは、配当して株主に還元したほうが株主の利益になるのかという判断については、税制も影響しますし、上場会社が、事業活動のリスクに備えてある程度の内部留保を確保しておくという観点も考慮すべきです。

しかしながら、上場会社が上記のような基本的な考え方を踏まえて、株主に対する配当政策を決定することが重要です。

したがって、独立役員は、上場会社の剰余金処分の検討に際しては、配当政策の基本的な考え方について、経営陣としてどのような検討がなされ、剰余金の処分案が策定されたのかを確認し、検討に必要な情報が十分に資料に記載されていない場合には、積極的に質問するなどして、その検討内容が具体的に取締役会で共有された上で、意思決定がなされるように行動することが考えられます。

3　株主・投資者への説明

上場会社の配当政策について投資家に説明する場合には、上記のような基本的な考え方を踏まえて説明することが望まれます。

生命保険協会が上場会社及び機関投資家を対象として実施したアン

【図表10-3】　配当政策に関する説明（上場会社）

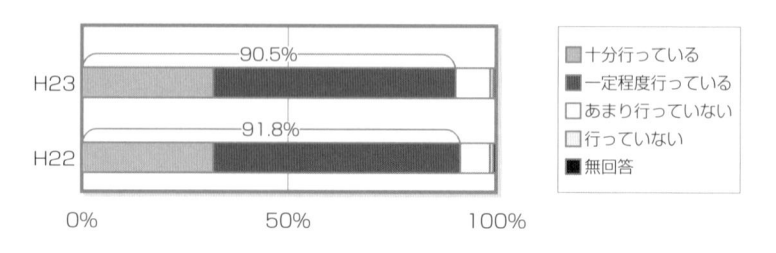

H23: 90.5%
H22: 91.8%

凡例：十分行っている／一定程度行っている／あまり行っていない／行っていない／無回答

（出典）　平成23年度　生命保険協会調査「株式価値向上に向けた取り組みについて」

ケート調査においては、配当政策に関して、内部留保・投資の必要性等を交えて十分な説明がなされているかという点について、上場会社は説明を行っているという認識を持っている会社が9割を超える一方で、機関投資家は、あまり説明されていないという認識を持っている投資家が7割を超えるという結果が出ており、上場会社と投資家の認識に大きな隔たりが生じています【図表10-3】【図表10-4】。

独立役員においては、配当政策について、改めて内部留保や投資の必要性を踏まえて、投資家への説明がなされているかを確認し、必要に応じて、再検討を促すことも考えられます。

4　内部留保

一般株主の視点から見ると、上場会社において資本コストを上回る投資機会がなく、内部留保された資金が有効に活用されないにもかかわらず、利益を株主に還元せずに過度に内部留保することは、企業価値を損なうこととなります。

では、日本の上場会社の内部留保の水準は実際にはどのように推移しているのでしょうか。生命保険協会の調べによると、平成23年上半期

【図表10-4】　配当政策に関する説明（投資家）

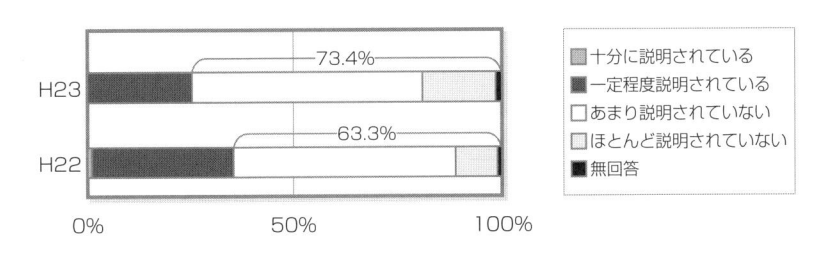

(出典)　平成23年度 生命保険協会調査「株式価値向上に向けた取り組みについて」

における日本企業の内部留保額は、リーマンショック前の水準を上回り、過去最高水準にあるとされています【図表10-5】。

【図表10-5】 日本企業の内部留保額の推移

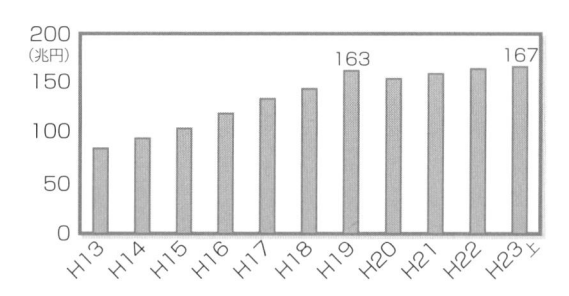

(出典) 平成23年度 生命保険協会調査「株式価値向上に向けた取り組みについて」

【図表10-6】 手元資金の水準についての認識（投資家）

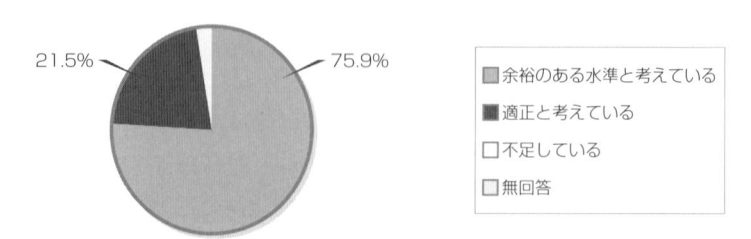

(出典) 平成23年度 生命保険協会調査「株式価値向上に向けた取り組みについて」

【図表10-7】 手元資金の水準についての認識（上場会社）

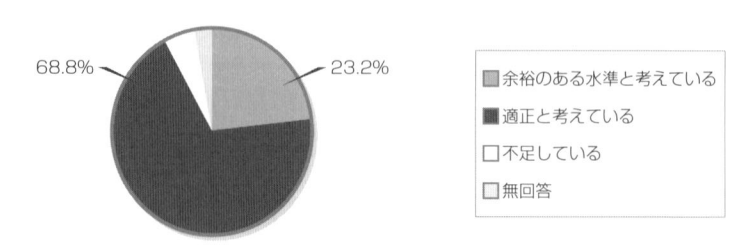

(出典) 平成23年度 生命保険協会調査「株式価値向上に向けた取り組みについて」

また、生命保険協会のアンケート調査によると、日本企業の手元資金の水準については、機関投資家の75.9％が「余裕のある水準と考えている」と回答しているのに対して、上場会社は68.8％が「適正と考えている」と回答しており、上場会社と投資家の認識に大きな隔たりが生じています【図表10-6】【図表10-7】。

どの程度、内部留保や手元資金を確保するかということを検討するにあたっては、外部環境の変化やそれに伴う事業活動のリスクも勘案する必要があるので、こうした状況から直ちに上場会社の内部留保が必要以上に過大であるとか、上場会社の経営者が保身のために必要以上に手元資金を厚くしていると判断できるものではありません。しかしながら、独立役員においては、内部留保や手元資金の水準についても、改めて適正な水準についての考え方が投資家に十分に説明されているかを確認し、必要に応じて、投資家への説明内容をより適切なものとするよう促したり、投資家からの指摘が正鵠を射るようなものであるならば、内部留保や手元資金の水準そのものについても再検討を促すことも考えられます。

5　自己株式の取得

株主に対する財産分配の方法としては、剰余金の配当による方法が最も広く行われていますが、会社による自己株式の取得も、実質的に株主に対する財産分配としての機能を果たすことができます。

ただし、剰余金の配当と会社による自己株式の取得には以下のような違いがあります。

まず、配当の場合、株主全体に対して一律に分配が行われることになりますが、自己株式の取得の場合、株主全員の保有する株式を取得することにはなりません。自己株式の取得を希望する株主の保有する株式が、

会社が取得を予定する株式数を上回る場合の調整方法は、取得方法によって異なりますが、株主としては、株式を売却して現時点で現金で受け取るか、それとも株式の保有を継続して将来の価値上昇を期待するかを選択することになります。株主によっては、税制などの点で、現時点で現金で分配を受けることを望まない可能性もあり、選択ができることがメリットとなることがあります。また、配当への課税とキャピタルゲインへの課税の税率が異なる場合には、一方が他方よりも有利となる可能性があります。

自己株式の取得には、現在の市場が上場会社の企業内容を適切に評価しておらず、株価がその本質的な価値（ファンダメンタル価値）を下回る状況にあるということを、経営者が市場に発信する手段としての側面もあります。こういった会社の発信によって、株価が適正な水準に修正されることを「シグナリング効果」といいます。なぜ現在の株価を割安と考えるのかについて市場が納得できる説明を行うことができるようであれば、こうした「シグナリング効果」を狙った自己株式取得を行うことも考えられます。

上場会社が株主還元の方法としてどちらを選ぶのか、増配するのか自己株式の取得をするのかといった事項を決定する際には、以上のような違いにも配慮して決定されることが望まれます。

独立役員においては、株主還元について意思決定がされる際には、配当と自己株式の取得の違いも踏まえた意思決定が取締役会においてなされるよう、経営陣に対して資料の内容について質問したりすることが考えられます。

参考文献

- 江頭憲治郎『株式会社法（第4版）』（有斐閣、2011）
- 井手正介＝高橋文郎『経営財務入門』（日本経済新聞出版社、2000）

- 日本コーポレート・ガバナンス・フォーラム編『株式投資家が会社に知って欲しいこと』(商事法務、2008) ほか

11　取締役の利益相反取引

◆議案の概要◆

取締役A氏に対し、大要以下の内容で住宅取得資金を貸し付ける。なお、取締役A氏は特別の利害関係が認められるため、議決に参加しない。

元本：　　　　○千万円
利率：　　　　年率○パーセント
返済期日：　　5年後の応当日
担保：　　　　取得不動産には第一順位の抵当権を設定
備考：　　　　その他の条件は従業員向け住宅ローン規程に準ずる。

◆議案の検討◆

▶ 従業員と取締役の違いの認識不足がうかがわれる。
▶ 借入人の返済能力について何ら資料がなく、取引の妥当性を判断するために必要な資料が提供されていない。

11 取締役の利益相反取引

◆一般株主の視点◆

　一般株主は、会社の運営にあたって他の利害関係者の利益が優先され、一般株主の利益はないがしろにされているのではとの不安を抱えています。特に、会社の重要な意思決定を行う取締役会のメンバーである取締役が特別の利害関係を有する場合には、当該取締役の個人的な利益のために意思決定の公正さが損なわれるおそれがありますし、実際には損なわれていなくとも、説明を尽くさなければ一般株主には不公正な決定であったかのように見えてしまうこともあります。

　利害関係のある取締役は、どのように説明しても信用してもらいにくく、穿った見方をされてしまうという側面もありますので、外観上の独立性及び実質的な独立性を備えた独立役員が、そういった局面において一定の役割を果たすことが期待されます。

◆チェックリスト◆

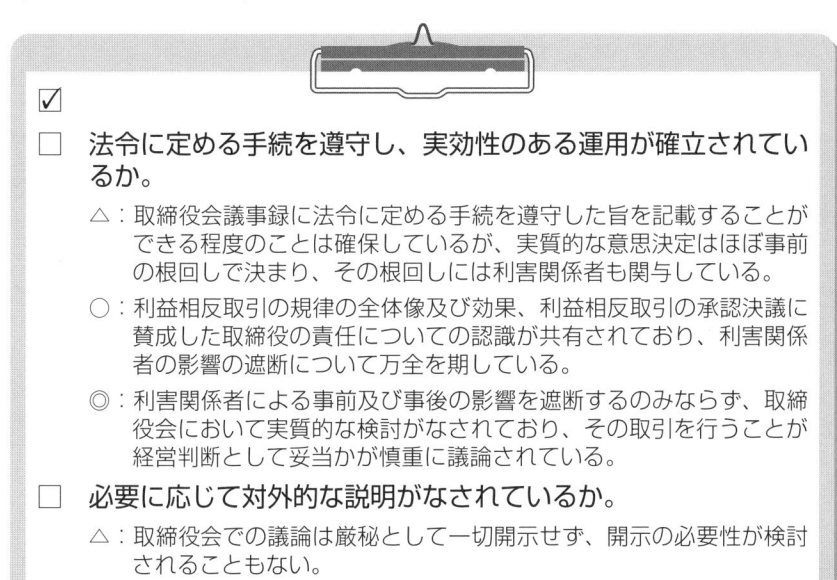

- ☐　法令に定める手続を遵守し、実効性のある運用が確立されているか。
    - △：取締役会議事録に法令に定める手続を遵守した旨を記載することができる程度のことは確保しているが、実質的な意思決定はほぼ事前の根回しで決まり、その根回しには利害関係者も関与している。
    - ○：利益相反取引の規律の全体像及び効果、利益相反取引の承認決議に賛成した取締役の責任についての認識が共有されており、利害関係者の影響の遮断について万全を期している。
    - ◎：利害関係者による事前及び事後の影響を遮断するのみならず、取締役会において実質的な検討がなされており、その取引を行うことが経営判断として妥当かが慎重に議論されている。
- ☐　必要に応じて対外的な説明がなされているか。
    - △：取締役会での議論は厳秘として一切開示せず、開示の必要性が検討されることもない。
    - ○：株主や世間の関心を集めているか（開示の必要性が高いか）、今後の取締役会における議論に委縮的効果を及ぼさないか等を十分に勘案しつつ、情報開示についても検討されている。

◆解説◆

1 利益相反取引の規律

　取締役会設置会社が取締役との間で利益相反がある取引を行おうとするときは、その取引につき重要な事実を開示して取締役会決議の承認を受けなければならず、かつ、当該取引後、遅滞なく当該取引についての重要な事実を取締役会に報告しなければならないとされます（会社法356条1項2号・3号、365条）。

　利益相反関係にある取締役は、特別の利害関係を有するものとして、議決に加わることができません（会社法369条2項）。出席の可否についての解釈は必ずしも一様ではなく、求めに応じて取締役会に出席することは妨げられませんが、その議案について意見陳述権はなく、退席を要求されれば指示に従わなければならないと解する立場もあります。

　利益相反取引によって会社に損害が生じたときは、利益相反関係にある取締役のみならず、承認決議に賛成した取締役は、その任務を怠ったものと推定されます（会社法423条3項）。承認決議に参加して取締役会議事録に異議をとどめない者は、その決議に賛成したものと推定されることにも留意を要します（会社法369条5項）。

　監査役には利益相反取引の規律はありません。また、取締役について、法律上は利益相反取引に該当しない場合であっても、取締役と会社の利害が対立することがあります（MBOにおける意見陳述もその一例です。）。こういった局面の対応は難しいですが、実質的な利益相反関係にある者が自らの意思で議決に参加しないと判断し、また、その審議において一時退席することは妨げられないと考えられます。

2　利益相反取引の着眼点

　利益相反取引には様々なものがあります。独立役員が最初に確認すべきことは、その取引において対立している利益の関係とインセンティブの仕組みを見極めることです。
　例えば、取引先の代表取締役が会社の取締役を兼任している場合の利益相反取引において、その取引先の代表取締役が取引先を代表して会社と契約を締結すると、会社の取締役が第三者である取引先のために契約を締結することになりますので、会社において利益相反取引の承認を要します。

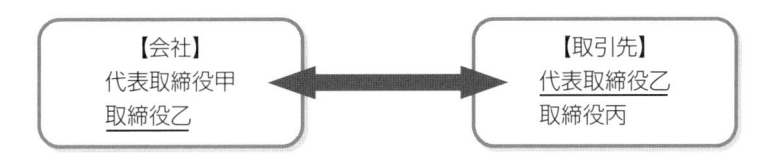

```
┌─────────────┐          ┌─────────────┐
│   【会社】    │          │   【取引先】   │
│  代表取締役甲  │ ◄──────► │  代表取締役乙  │
│   取締役乙    │          │   取締役丙    │
└─────────────┘          └─────────────┘
```

　この場合における対立利益は、会社の利益と取引先の利益ですが、取締役会決議によって守ろうとしているのは会社の利益ですので、会社の代表取締役が、同僚でもある取引先の代表取締役の便宜を図り、会社にとって不利な契約内容に応諾していないかといった観点が重要となります。
　したがって、例えば、取引先の代表取締役との交流が深い取締役がいるときは、その取締役が判断過程や取締役会での議論に私情を挟んでいる様子がないかといった点に着目することが考えられます。
　議案の概要の設例のように会社の利益と取締役の利益が正面から対立するときは、対立利益は比較的明確です。この場合においては、取締役A氏との関係が深い取締役のほか、過去に同様の従業員向け住宅ローン規程を利用した取締役の判断にはバイアスがかかる可能性があります

111

ので、そういった観点にも留意が必要です。

　利益相反取引は多様であり、場合によっては形式的には利益相反であっても実質的には対立利益がない場合もありますが、個々の取引の性質に応じて分析し、取締役会の議論が中立的かつ客観的になされているかを確認することが求められます。

3　利益相反取引の手続

　法令に基づく手続を履践することはもちろん、利益相反取引について特別の規律が設けられている趣旨に照らした対応が望まれます。

　独立役員は、他の社内役員と比較すると同僚意識が低いことから、より客観的な立場から議論に貢献することが期待されます。

　例えば、利益相反関係にある取締役がその場に同席し議論の経過を見ていることが自由な議論の妨げになるときには、退席を求めるのが妥当です。議事録を見れば誰が反対したかは一目瞭然ではありますが、だからといって現にその場で睨みを利かせる余地を残す理由はありません。

　もっとも、退席を求めることができるくらいであれば、仮にその場に同席していても議論に及ぼす影響が小さい取締役であって、逆に、影響力が強い取締役に対しては退席を求めにくいという事情も考えられます。無用の軋轢を生まないためにも、特別の利害関係のある取締役には常に退席を求めるという慣行を作り上げておくのも一案です。

　また、漫然と利益相反取引の承認をしないという観点から、利益相反取引の承認決議に賛成した取締役については、結果として会社に損害が生じたときは任務懈怠が推定されるという効果を再確認することが考えられます。些細な利益相反取引も多く、その都度毎回確認する必要はありませんが、深刻な利益相反取引であるときは、敢えて再確認することは有益であると考えられます。

4 経営判断と利益相反取引

　利益相反取引としての手続を順守し、議論の客観性や中立性が確保されたとしても、常に承認すべきということではありません。利益相反取引としては問題がなくとも、経営判断としての妥当性は別論であるからです。

　設例についていえば、任期が1年の取締役に5年ローンを組めば、取締役の解任や不再任と貸付債権の回収可能性の低下が連動しますので、取締役としてのパフォーマンスとは無関係な部分で再任するインセンティブが働いてしまいます。

　そもそも、会社が銀行借入れや資本市場を通じて調達してきた資金は、その会社の事業のために用いるのがあるべき姿です。(その会社の事業が住宅ローンの貸付であるような場合等は別論として)いかに回収可能性が高く、利率が適正であったとしても、それが一般株主が期待する資金の使い道であるかは慎重に吟味されなければなりません。

📖 参考文献
- 江頭憲治郎『株式会社法(第4版)』(有斐閣、2011)ほか

各論編

12　支配株主との取引

◆**議案の概要**◆

> 下記のとおり、固定資産を取得する。
> 　　資産の名称：　　□□□□ビル
> 　　所在地：　　　　東京都○○区
> 　　構造：　　　　　鉄骨鉄筋コンクリート造・地上15階・地下3階
> 　　土地面積：　　　○平方メートル
> 　　延床面積：　　　○平方メートル
> 　　取得価額：　　　○円
> 　　取得の相手先：　株式会社□□□□（当社親会社）

◆**議案の検討**◆

▶ 他の物件、他の取得先との比較検討その他の上記議案に至る経緯を確認する必要がある。

▶ 取引条件が当社の少数株主にとって不利益でないかどうか、資料から確認することができない。

12 支配株主との取引

◆**一般株主の視点**◆

　支配株主その他の大株主は、議決権を通じて経営陣に強力な影響力を及ぼすことができます。したがって、交渉力だけを見れば、会社との間で取引を行う場合、会社に不利な条件を受け入れさせることも不可能ではありません。会社に不利な条件が押し付けられれば、支配株主等が一般株主を含む他の少数株主の犠牲において利得を得る構造となります。

　もちろん、現行の規律においても、利益供与の禁止や取締役の善管注意義務といった法律上の防波堤が用意されています。しかし、内情を知る機会がない一般株主の視点で見れば、また、稀に報道される搾取事案に接すれば、知らぬ間に支配株主等に搾取されているのではないかと不安になるのは無理のないことです。

　独立役員が一般株主の視点から取締役会の議論をチェックすることは、そのような不安を和らげるひとつの方策として位置づけられます。

◆**チェックリスト**◆

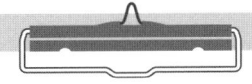

☑

☐ 支配株主との取引についての問題意識が共有され、これに対して十分な配慮がなされているか。
　△：親会社を含む支配株主の要望にどれだけ応えられるかが子会社経営陣の力量であると誤認されており、子会社少数株主の利益が意識されることすらない。
　○：各種法令等に基づく規律のほか、会社に支配株主等がいる場合には「少数株主の保護の方策に関する指針」を公表していること等が役員全員に周知されている。
　◎：上記に加え、支配株主との取引の個々の条件のみならず、その取引を行うことが真に会社にとって有益かという観点から慎重に議論されている。親会社出身の役員等がいる場合は、不当な影響力の行使を排除している。

◆解説◆

1　支配株主とは

「支配株主」の具体例としては、
・親会社
又は
・親会社と同等の支配力を有している個人（オーナーなど）
が挙げられます。

支配株主の有無や支配株主の名称は、「コーポレート・ガバナンスに関する報告書」の記載項目となっていますので、同報告書（上場している金融商品取引所のウェブサイトで誰でも見ることができます。）の記載を見ることで確認することができます。

上場会社に支配株主が存在したとしても、それ自体は問題ではありませんが、支配株主と少数株主（一般株主）との間には、潜在的な利益相反があり、少数株主の利益が害され得る構造にあるといえます。まず、支配株主は、多くの議決権を保有しているため、取締役の選任などの株主総会決議事項について、意のままに決定することができます。そのような支配力を背景に、上場会社の経営陣に対しても大きな影響力を及ぼすことが可能です。

多くの場合において、この支配株主と、その他の少数株主の利益は、対立するものではありません。上場会社の企業価値が向上すれば、少数株主にとっても、支配株主にとっても、等しく利益になるためです。しかしながら、支配株主の利益と、少数株主の利益とが対立することもあり得ます。

例えば、親会社を元請けとし、子会社を下請けとする請負契約を締結する場面においては、親会社は、費用をなるべく少なく抑えるため、請

負代金をなるべく低くしようとする動機があります。一方で、子会社少数株主からすれば、なるべく高い請負代金を支払ってほしいと考えます。ここに、利益相反の関係があります。このような場面において、子会社の取締役が、親会社の意向を受けた者だけで構成されているとしたら、少数株主が納得するような公正な請負代金が設定される見込みは低いでしょう。こういった場面において少数株主の利益を保護し、少数株主が害されることのないように目を配るのが、独立役員の大きな役目のひとつです。

　このように、親会社が、その支配力を背景に、上場子会社にとって不利（親会社にとって有利）な条件での取引を求めるという懸念があるため、東証では、この点についての開示のルールを設けています。まず、支配株主がいる上場会社は、コーポレート・ガバナンスに関する報告書において、「支配株主との取引等を行う際における少数株主の保護の方策に関する指針」を開示する必要があります。その上で、年に１度、「支配株主等に関する事項」の開示として、支配株主等の名称、議決権の割合、取引に関する事項とあわせて、この「指針」の履行状況を開示することとなっています。

　「指針」の実際の記載としては、①取引条件に注目し、支配株主との取引については他の取引先と同様に契約条件や市場価格等を参考に公正妥当な取引を行うこととしているケースや、②取引を行う際の手続に注目し、取引内容・条件の妥当性等について取締役会において、親会社出身でない社外役員の意見を求めた上で審議を行い、取引の実施の可否を判断することとしているケースなどが見られます。自社が支配株主を有する上場会社である場合には、自社の「指針」の内容を確認しておくべきでしょう。

2 支配株主との重要な取引等を行う場合に上場規則によって求められる対応

　支配株主を有する上場会社は、その支配株主との間で重要な取引等を行うことについての決定をする場合には、その決定が少数株主にとって不利益なものでないことに関し、支配株主との間に利害関係を有しない者から意見を入手することが、東証の上場ルールによって、義務づけられています。

　これは、前述したような、支配株主と、支配株主以外の少数株主との利益相反関係が顕在化するような場面において、少数株主にとって不利益な決定がなされることがないようにすることを意図したものです。

(1) 重要な取引等

　支配株主と上場子会社との取引のすべてについて、このような意見入手の手続を行うことを求めることは、上場会社にとって過度な事務負担となってしまうため、適時開示を行わなければならないような、重要な取引等に限って、この手続規制の対象とされており、日常的な取引は対象外となっています。

　ここでいう「重要な取引等」の定義は、東証の上場ルールによって細かく規定されています。ここではその詳細の説明はしませんが、ごく単純化すれば、「適時開示を行う必要があるほどの重要なもの」だということができます。詳細については、東証が発行し、上場会社に配布している『会社情報適時開示ガイドブック』において説明されています。

(2) 支配株主との間に利害関係を有しない者

　「支配株主との間に利害関係を有しない者」とは、例えば、第三者委

員会の委員や、支配株主と利害関係のない社外取締役又は社外監査役が想定されています。

したがって、独立役員は、取引が少数株主にとって不利益なものでないことに関しての意見を求められる立場にあります。だからといって、独立役員自身が、設例のような場面で資産の取得価額を算定しなければならないというわけではありません。独立役員としては、意見を述べるために必要な判断材料を十分に提供されているかどうかを確認し、不足していれば、追加の資料を求めるといった対応が考えられます。

また、会社が第三者委員会を設置して、その委員会に意見を求める対応を取る場合には、独立役員は、その委員会の独立性についてチェックすることが必要になるでしょう。

3　取締役会付議基準

会社法上、取締役会は「重要な財産の処分及び譲受け」について決定することとされています（会社法362条4項1号）が、何が「重要」なのかは、会社の規模や事業の性質によって異なると考えられるため、法律によって一律に定められているわけではありません。そこで、多くの上場会社が、「取締役会付議基準」を定めて、例えば、処分する財産が一定の金額以上のものであれば、必ず取締役会に付議するといった決まりにしています。

商事法務編集部が2009年に実施したアンケート調査によれば、「重要な財産の処分・譲受け」のほかにも、「多額の借財」、「支配人その他の重要な使用人の選任・解任」、「支店その他の重要な組織の設置、変更および廃止」などの項目については、「多額」や「重要」に関する基準を定めている会社が多いようです。

また、これら以外にも、「年間事業計画」、「年間予算」、「新規事業へ

の進出」、「経営方針変更」、「事業の廃止・変更」、「経営戦略の設定」、「業務提携」といった、会社に重大な影響を与える案件については、取締役会に付議することとしている例が多く見られます。

独立役員の目から見ると、取締役会付議基準とは、法律で取締役会に付議しなければならない事項のほかに、どんな案件が独立役員の目に触れることになるかを決定づける重要な基準です。独立役員としても、自社の取締役会付議基準がどのようなものになっているか、一度、確認しておくべきでしょう。

一般株主の利益保護という観点からは、なるべく多くの案件に独立役員が目を光らせてチェックすることが重要だという考え方もあり得ますが、重要性の低い日常的な案件まで取締役会に付議することは合理的ではありません。ひとつの正解があるわけではなく、バランスが大事であるということになりますが、だからこそ、自社の規模や事業内容に合った基準となっているかどうか、随時、見直しを行っていくという姿勢が必要です。

📖 参考文献

- 戸嶋浩二編著『事例分析からみた上場会社法制の現状―上場会社投資と資本政策―』別冊商事法務364号（商事法務、2011）第3章
- 別冊商事法務編集部編『会社法下における取締役会の運営実態』別冊商事法務334号（商事法務、2009）
- 園田観希央「支配株主との重要な取引等に係る企業行動規範の実務上の留意点」旬刊商事法務1938号（2011）34頁

13　MBO その他の非公開化

◆議案の概要◆

> ○年○月○日付公開買付届出書にかかる公開買付け（概要下記のとおり）につき、賛同意見を表明することでどうか。
>
> 公開買付者：　　　　○○株式会社（○○有限責任投資事業組合及び当社代表取締役○氏出資にかかるSPC）
> 公開買付価格：　　　○○円（時価＋プレミアム25％）
> 公開買付期間：　　　○年○月○日から○年○月○日
> キャッシュアウト：　公開買付価格と同額で実施予定

◆議案の検討◆

▶ 公開買付価格の算定根拠が示されていない。
▶ 実質的な利益相反関係にある取締役の範囲及び関与の程度が明確でない。

13 MBO その他の非公開化

◆一般株主の視点◆

　一般株主にとって、MBO は、プレミアムが期待できる売却機会であるとともに、否応なしに投資先を奪われ、ポートフォリオの変更を迫られる局面でもあります。また、MBO に買収側として参画する経営陣と一般株主は利益相反の関係にあるため、一般株主は搾取されているように感じやすく、紛争になることも珍しくありません。

　独立役員には、MBO の意義を踏まえた検討がなされていること、利害関係者の影響を遮断するための措置が講じられていること、株主に対して十分な説明がなされていることを確認することが期待されます。

◆チェックリスト◆

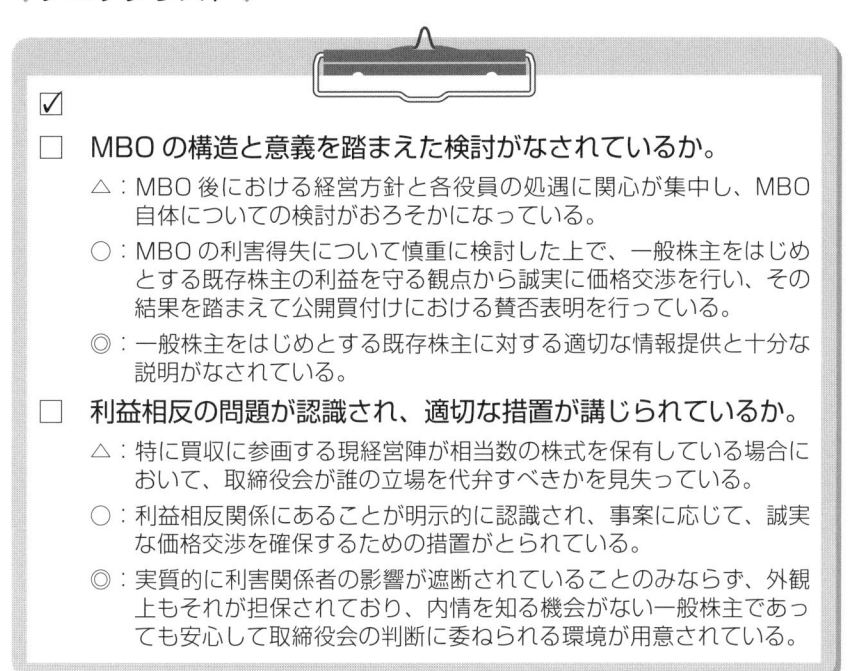

- ☐ **MBO の構造と意義を踏まえた検討がなされているか。**
    - △：MBO 後における経営方針と各役員の処遇に関心が集中し、MBO 自体についての検討がおろそかになっている。
    - ○：MBO の利害得失について慎重に検討した上で、一般株主をはじめとする既存株主の利益を守る観点から誠実に価格交渉を行い、その結果を踏まえて公開買付けにおける賛否表明を行っている。
    - ◎：一般株主をはじめとする既存株主に対する適切な情報提供と十分な説明がなされている。
- ☐ **利益相反の問題が認識され、適切な措置が講じられているか。**
    - △：特に買収に参画する現経営陣が相当数の株式を保有している場合において、取締役会が誰の立場を代弁すべきかを見失っている。
    - ○：利益相反関係にあることが明示的に認識され、事案に応じて、誠実な価格交渉を確保するための措置がとられている。
    - ◎：実質的に利害関係者の影響が遮断されていることのみならず、外観上もそれが担保されており、内情を知る機会がない一般株主であっても安心して取締役会の判断に委ねられる環境が用意されている。

◆解説◆

1 MBOとは

　MBO（Management Buy-Out）とは、現経営陣が参画する自社の買収をいい、典型的には公開買付けとその後のキャッシュアウトを伴います。

　株式会社は、その発行する株式等が公開買付けの対象となったときは、賛否の意見を表明することが求められ、上場規則に基づく適時開示も必要となります。

　MBOにおいて買収側に参画する対象会社の役員は、公開買付価格を決めるにあたり、対象会社の役員という立場においては、株主のためにできるだけ高い価格にすることが求められますが、他方で、買収側に参画する立場においては、価格を引き下げたほうが自分の利益になるという、いわゆる利益相反の状態に陥ります。MBOが他の企業買収とは異なるのは、買収対価の算定において経営陣に利益相反があるため、適切な手立てが講じられなければ公正な価格が設定される保障がない点にあります。

　なお、本項では、独立役員が買収に参画しない場合を念頭において検討します。

2 公正な価格

　買収価格の設定において、買収に参画しない役員は、買収に参画する経営陣に相対立する立場で一般株主の正当な利益を守る役割を果たすことが期待されます。

　具体的な事実関係によりますが、従業員の多くは現経営陣の指揮命令下で業務に従事し、買収後も現経営陣のもとで働くことが予想されます

し、情報管理の観点から買収関連の業務に携わる従業員は限られた人数になるのが通常ですので、独立役員をはじめとする買収に参画しない役員と限られた従業員だけで一般株主の正当な利益を十全に守るのは容易ではありません。

しかも、MBOにおける価格の妥当性については、MBO後において向上することが見込まれる企業価値も勘案することが求められていることもあり、裁判沙汰になることも珍しくありません。紛争の回避という点については、買収者にとっても買収価格が公正であることに利益があります。

そこで、買収に参画しない役員は、一般株主の利益を代表して、専門家や有識者による特別委員会を組織し、被買収者側の価格算定や買収者との交渉を担当させることが検討されることがあります。もちろん、既存株主の利益を守るための考え方やアプローチは様々ですが、先行する事例を参考にして、事案に応じた方法で対処することが必要となります。

3 特別委員会

現経営陣との利害関係がない特別委員会を組織して価格交渉を行わせる場合、独立役員には、その特別委員会の独立性が確保されているか、いかなるプロセスで意思決定をしているか、さらにはその意思決定は妥当かについて検証することが求められます。

特別委員会は一般株主と利益相反があってはなりませんので、メンバーの選定が公正に行われていることが重要です。また、実質的には買収に参加する経営陣の影響が及ばない者であったとしても、現経営陣との間で親族関係や重要な取引関係がある場合には、その外観上の問題から一般株主の信頼を得ることは難しいため、選任を避けるのが妥当といえます。

そして、特別委員会のメンバーが独立していたとしても、その議論の内容に現経営陣の意向が反映されていては、その結論も公正なものとはなりませんし、現経営陣からの独立性という観点以外からも、その検討プロセスが公正であることが必要です。

独立役員には、特別委員会がいかなる方法で検討し、どのような資料を収集しているかといった角度から適切性を確認することが期待されます。

4　MBOを行う理由

企業価値の最大化という観点からは、なぜMBOを行うのかについて十分な検討が必要です。例えば、MBOを行う理由が「非上場化によって思い切った経営改革を行うこと」であれば、その経営改革が上場会社のままでは実行できないものとなっているかを検証し、「上場維持コストを削減すること」であれば、再上場予定の有無及び目標時期を見定め、MBOのためのコストと再上場のためのコストの合計が再上場時期までの上場維持コストを上回るかを検証することになると考えられます。

MBOを行うことのコストという意味でいえば、多くのMBOは会社資産を担保として提供することを見越した借入金で賄うことが予定されています（レバレッジド・バイアウト：LBO）。これによって会社の財務内容が大きく変わります。MBO後の会社には一般株主はいなくなりますので、その意味で独立役員に期待される役割に収まりきらない論点ではありますが、1人の役員としてMBO後の事業の行方に目配りすることが多いものと考えられます。その他、恣意的なMBOによって市場資金の略奪が起きているのではないかとの問題意識も指摘されています。

5 取締役会の手続と利益相反

　利益相反取引を行う場合には会社法に定めがありますが、意見表明は取引でないため、直接的にはあてはまりません。しかし、客観的中立的な判断を期待しにくいことは明らかであり、買収に参画する取締役は、「特別の利害関係」があるものとして、議決に参加しないことが考えられます。

　取締役会決議が公正であることは関係者全員にとって重要なことですので、事案に応じた対応を促すことが考えられます。

📖 参考文献

- 静正樹「IPO との比較で考える MBO ―証券市場へのデビューとリタイア―」MARR 201 号（2011）19 頁

14 不祥事発覚時の対応

◆議案の概要◆

> 当社製品から本邦内での使用が認可されていない物質が検出されたとの報道を踏まえ、当社社外監査役2名、外部弁護士2名、コンプライアンス担当取締役1名の合計5名によって組織され、内部統制室員を補助スタッフとする調査チームを発足し、以下の内容の調査を行わせる。
> 　調査目的：　事実関係の解明
> 　完了時期：　次期取締役会を目途とする

◆議案の検討◆

▶ 調査チームの設置を公表するか否か、調査結果を公表するか否かについての考え方が示されていない。

▶ 専門性・技術性が高い事件で事実関係の解明を調査目的としているにもかかわらず、調査チームメンバー及び補助スタッフに当該分野の専門家が含まれておらず、調査目的と調査チームの人員構成が整合的でない。

▶ 一般消費者への影響が大きい事案であるにもかかわらず、調査完了時期の設定について運営上の都合を優先していることがうかがわれる。

14　不祥事発覚時の対応

◆一般株主の視点◆

不祥事への対応は、会社の存亡にかかわります。社内役員にとっては同僚の責任追及に隣接する問題であるので対応しにくく、しかも、実際にどうかは別として、外部からは手心を加えた措置でないかとの疑いをかけられます。他方で、第三者では業務に関する情報や専門知識、経験が不足しがちですので、単に第三者に委ねればよいということでもありません。

独立役員は、社内役員と社外者の中間に位置する者として、不祥事の規模や性質等に即した適切な体制の構築等について重要な役割を果たすことが期待されます。

◆チェックリスト◆

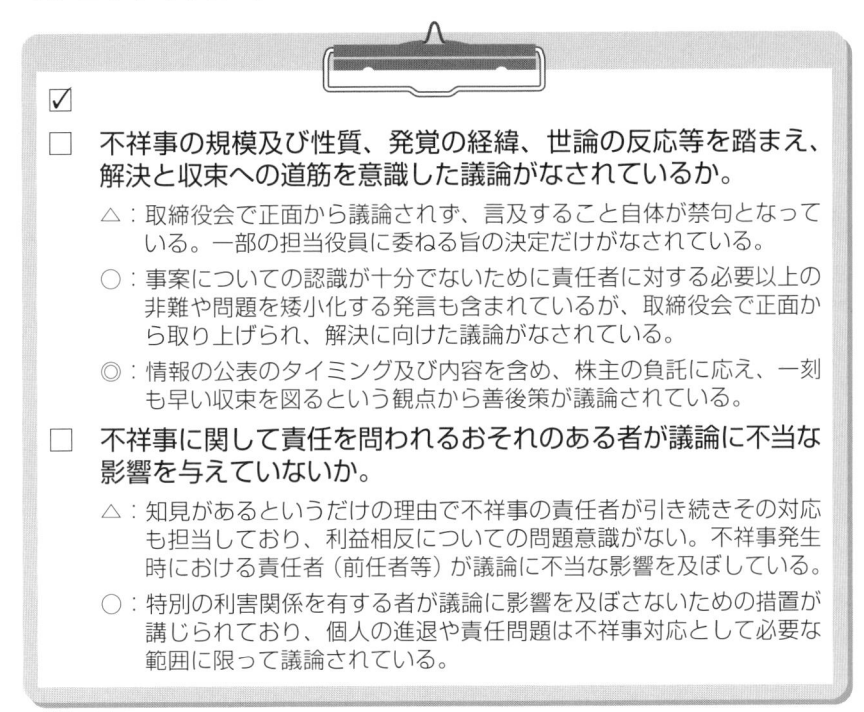

☑

☐ **不祥事の規模及び性質、発覚の経緯、世論の反応等を踏まえ、解決と収束への道筋を意識した議論がなされているか。**
- △：取締役会で正面から議論されず、言及すること自体が禁句となっている。一部の担当役員に委ねる旨の決定だけがなされている。
- ○：事案についての認識が十分でないために責任者に対する必要以上の非難や問題を矮小化する発言も含まれているが、取締役会で正面から取り上げられ、解決に向けた議論がなされている。
- ◎：情報の公表のタイミング及び内容を含め、株主の負託に応え、一刻も早い収束を図るという観点から善後策が議論されている。

☐ **不祥事に関して責任を問われるおそれのある者が議論に不当な影響を与えていないか。**
- △：知見があるというだけの理由で不祥事の責任者が引き続きその対応も担当しており、利益相反についての問題意識がない。不祥事発生時における責任者（前任者等）が議論に不当な影響を及ぼしている。
- ○：特別の利害関係を有する者が議論に影響を及ぼさないための措置が講じられており、個人の進退や責任問題は不祥事対応として必要な範囲に限って議論されている。

◆解説◆

1 不祥事対応の規律

　企業不祥事は未然予防が理想ではありますが、ありとあらゆる事態を想定して事前に手を打つのは現実的ではありませんし、やみくもに予防措置を増やすと事業遂行の効率性が損なわれます。企業が大きくなれば、監督や監査は間接的なものやリスク・アプローチによらざるを得ず、語弊をおそれずにいえば、企業不祥事が発生すること自体は避けられないといえます。

　そして、企業不祥事発生時の対応の誤りで会社の評判・社会的信用を損ない、場合によっては会社の存亡にかかわるような事態を引き起こす場合があることは、歴史が示しています。したがって、不祥事対応は、まさに「重要な業務執行」（会社法362条4項本文）として取締役会決議事項となる場合が多いといえます。

　また、投資判断上重要な情報については、金融商品取引所の規則に従って情報開示を行うことが必要となります。開示事項は多岐にわたりますが、例えば、連結純資産の3％に相当する額の損害が見込まれる場合や行政庁から法令違反に係る告発を受けた場合が挙げられます。

　さらには、不祥事を発見するための体制づくりも重要です。特に経営陣が不祥事に関与している場合において、内部通報が最終的に経営陣に上がるようでは実効性に疑問があります。経営陣が関与している疑いがあるときは独立役員にのみ報告が上がるような体制を敷く等の工夫もひとつの選択肢となると考えられます。

　本項は、実際に企業不祥事が発覚し、又はその可能性が認識された段階における取締役会の対応を取り扱います。

2　不祥事対応の目的

　不祥事対応の目的には様々なものがあり得ますが、多くのケースにおいて、一刻も早く不祥事に伴う混乱を収め、平常運転の状態に戻すことにあるといえます。
　そのための手段として、近時の大規模企業不祥事において頻繁に利用されているのが、第三者委員会や内部調査委員会に事案解明や責任の所在の調査、再発防止策の策定等を行わせることです。
　もっとも、企業不祥事は文字どおり千差万別であり、その対応にもひとつの正解があるわけではありません。
　大変難しい問題ですが、事件の規模や性質、さらなる不祥事の発覚及び拡大の可能性、発覚の経緯、世論の反応等を見極め、事案に応じた適切妥当な対応が求められます。

3　第三者委員会・内部調査委員会の位置づけ

　取締役会には、会社の業務執行のほぼすべてについて決定する権限があり、不祥事対応もその例外ではありません。
　しかし、不祥事対応は関係者の処分を伴うため、取締役会の判断は身内に甘く、自らにとって都合のよいものだと見られるおそれがあります。特に不祥事が世間の耳目を集めている場合にそのような批判が喧伝されると、不祥事それ自体のみならず、取締役会の意思決定まで社会的非難の対象となり、事態を悪化させることも考えられます。
　例えば、不祥事に取締役や監査役が関与しており、代表訴訟等を通した責任追及の対象となることが見込まれるような場合は、仮に対応内容が実質的に見て妥当であっても、内情を知らない巷間の評価としては、

責任逃れ、手ぬるいといった批判がなされるおそれがあります。

　つまり、手続面と内容面のバランスが取れていることが必要であり、手続が充実していれば内容が穏当でも世間の納得を得る余地がありますが、手続に不十分な点があれば、内容は必要以上に厳しく責任を問うものでなければ収束に向かわないという構造が見られます。

　第三者委員会を組織する意義のひとつは、この手続面を充実することにあります。第三者委員会に権限を委任することで、仲間意識や責任逃れといった批判の種となる事情から切り離し、もって、対応内容を真に必要かつ十分なものとすることを可能とするものです。

　もっとも、第三者委員会が不祥事対応の万能薬であると考えるのも行き過ぎです。

　第三者委員会は社内の特殊事情や業界慣行、技術的な事項についての知識に乏しいため、前提となる事情を理解するために時間を要しますし、最悪の場合は誤解したまま結論を出す可能性もあります。

　会社との間で利害関係がないということは、良くいえば独立不偏の判断が可能となりますが、悪くいえば、会社の将来に対するコミットメントが弱いということでもあります。

　こういったデメリットを補うため、会社の内部者や専門家をメンバーに含める場合もあります。こういった独立者と内部者の双方が関与する場合を第三者委員会と区別して「内部調査委員会」と呼ぶことがあります。第三者委員会のデメリットを補うことが期待されますが、他方で、前述の内部者が対応を決する場合のデメリットを受け入れることになる点に留意を要します。

　会社の存亡にかかわる局面において、どのような者に重要な役割を委ねるにふさわしいかについては、過去事例を参照しつつ、メリットを最大化し、デメリットを最小化する工夫を加え、慎重に判断することを要します。

4 適切な調査態勢の構築

　個々の不祥事ごとに最適な調査態勢は異なりますが、調査チームの人員構成について、専門性・技術性が高ければ内部者の知見の有用性・必要性が増し、不祥事の規模が大きい場合や上場廃止のおそれがある場合、発覚の経緯が報道機関のスクープであるような場合には、社会の耳目を集めていますし、役員の責任問題に発展することが見込まれますので、公正な手続に則ることの要請が高まります。

　人員としても、会社との間でこれまで何ら関係のない者は、業界慣行や技術的な事項についての知識や理解は最も乏しく、他方で偏りのない判断を期待できます。社内の担当者は事情に精通していますが、同僚や部下の進退につながる決断など難しい判断を強いられることがありますし、世間からの信頼性が落ちます。独立役員は両者の中間的な位置づけで、長所と短所を併せ持っていると考えられます。

　また、調査の目的が事案の解明や責任の有無であれば法律専門家の知見が生かされますし、再発防止体制の構築であれば内部統制について知見のある専門家が有用になるという側面もあります。

　人選と調査目的に加え、取締役会からの委託の趣旨や公表についての考え方も大変重要です。日本弁護士連合会が「企業不祥事における第三者委員会ガイドライン」を公表しており、第三者委員会のみならず、内部調査委員会とする場合にも有用な指摘を数多く含みますので、一読されることをおすすめします。

📖 参考文献
- 第一東京弁護士会総合法律研究所会社法研究部会編著『企業不祥事と対応【事例検証】』（清文社、2009）

各論編

- 日本弁護士連合会弁護士業務改革委員会編『「企業等不祥事における第三者委員会ガイドライン」の解説』(商事法務、2011)

資料編

資料編

1 独立役員に期待される役割

> 2010年3月31日
> 株式会社東京証券取引所
> 上場制度整備懇談会

　株式会社東京証券取引所(以下「東証」という。)では、平成21年12月に有価証券上場規程等の一部改正を実施し、すべての上場会社が備えるべきコーポレート・ガバナンスの枠組みとして、独立役員の確保を求めることとした(有価証券上場規程第436条の2第1項)。

　上場制度整備懇談会では、この独立役員制度について、その理解を促進し、制度の定着を図る観点から、次頁以下のとおり、その意義と独立役員に期待される役割をとりまとめた。

　この制度は、一般株主の利益保護という制度の趣旨を踏まえた運用がなされることが重要である。この制度が形式主義に陥り、制度の趣旨に反するような運用が行われることとなれば(例えば、独立役員として届け出られた者が、一般株主の期待に反する行動をとるなど)、個々の上場会社に対する株主・投資者の信頼が失われるだけでなく、我が国の証券市場全体に対する国内外からの信頼感が損なわれ、ひいては我が国経済の国際的な競争力の低下要因となることも懸念される。

　したがって、東証としては、上場会社各社に対して、独立役員制度の導入趣旨を踏まえた適切な対応をねばり強く求めていくことが適当であり、その前提として、当該制度の意義や独立役員に期待される役割について、上場会社各社の独立役員のみならず、すべての上場会社関係者に対して、広くその適切な理解を得るための努力を払うことが必要である。

1　独立役員に期待される役割

独立役員制度の意義

　東証の「上場会社コーポレート・ガバナンス原則」は、上場会社にとってコーポレート・ガバナンスが有効に機能することは、継続的に企業価値を高めていくための極めて基本的な要請である、と謳っている。

　一般に会社には多様な利害関係者（株主・経営者・従業員・取引先・債権者など）が存在しているが、上場会社に特有で、かつ共通しているのは、一般株主の存在である。

　上場会社には、株式の流通市場を通じた売買によって変動しうる株主が多数存在しており、その多くは個々の株主としては持分割合が少ないために単独では会社の経営に対する有意な影響力を持ち得ない株主である。このような株主を一般株主と呼ぶ。この一般株主が存在することで、上場会社は円滑な資金調達機会を得るなど、様々なメリットを享受しているが、これらの一般株主は、上場会社の経営に対する影響力が弱く株式の流動性も高いために、上場会社の経営において、その利益に対する配慮がともすると失われがちである。

　しかしながら、一般株主は上場会社にとって不可欠の存在であり、その利益は、株主共同の利益とも言い換えることができ、上場会社の利益と一致するのが通常であって、一般株主の利益に配慮して会社の経営が行われることは、上場会社がその事業目的の遂行と企業価値の持続的な向上を目指すうえで極めて重要である。

　また、一般株主の利益が適切に保護されることは、証券市場を通じた資金調達機能等が適切に発揮されるための条件であり、株式の上場制度の根幹をなすものであると言える。上場会社と我が国経済の発展にとっても、一般株主の利益が適切に守られる環境を整備することは重要である。

　上場会社を取り巻く利害関係者の多くは、上場会社の企業価値の向上によって恩恵を受けることになるが、個々の利害関係者の利害は、常に一致するわけ

ではなく、通常、その利害調整は、日常の経営の中で行われている。しかし、時として、日常の経営の中での利害調整に委ねることが不適当な利害対立が生ずる場面も想定される。

特に、上場会社の経営者と一般株主との間の利害の相違が顕在化する局面では、ともすると一般株主の利益を軽視した決定がなされるおそれがある。こうした局面では、一般株主の利益に配慮した公平で公正な決定がなされる仕組みが上場会社のなかに設けられることが、強く求められる。

この点について、例えば、MBO に関しては、経済産業省の「企業価値の向上及び公正な手続確保のための経営者による企業買収（MBO）に関する指針」（平成19年9月4日）において、意思決定プロセスにおける恣意性の排除のための工夫として、独立した立場の者に MBO の是非及び条件の諮問を行い、その結果なされた判断を尊重することが提言されている。

また、買収防衛策に関しては、経済産業省・法務省の「企業価値・株主共同の利益の確保又は向上のための買収防衛策に関する指針」（平成17年5月27日）において、内部取締役の保身行動を厳しく監視できる実態を備えた独立性の高い社外取締役や社外監査役の判断を重視するよう設計しておけば、株主や投資者に対し、取締役会の判断の公正さに対する信頼を生じさせる効果があるとされている。

さらに、第三者割当増資に関しては、東証の上場ルールにおいて、第三者割当のうち、25％以上の希薄化を伴う場合や、支配株主が異動する見込みがある場合について、経営者から一定程度独立した者による第三者割当の必要性及び相当性に関する意見の入手又は第三者割当に係る株主総会決議などによる株主の意思確認のいずれかの手続を行うことが求められている。

これらの指針やルールに共通しているのは、上場会社の利害関係者の間で明確な利害の対立が生じうる場面においては、意思決定プロセスの中に独立した立場の者の客観的な判断を取り込むことが、一般株主の利益に配慮した公平で公正な決定のために有効かつ必要であるという考え方である。

このことは上記のような経営者と一般株主との間で利害の対立が顕在化する局面だけの問題ではない。日常の経営判断の積重ねが結果的に一般株主の利益を損ねる場合がありうることを踏まえれば、平素から、上場会社の意思決定プロセスに独立した立場の者が関与していることが、一般株主の利益に配慮した公平で公正な決定のために、やはり有効かつ必要である。

　この場合、上場会社の重要な業務執行に係る決定は取締役及び監査役の出席する取締役会で行われるため、その取締役会に参画している取締役又は監査役の中に独立した立場の者の存在が確保されることが、重要である。

　上場会社のコーポレート・ガバナンスについては、最終的には個々の上場会社において実効性のある最適な枠組みが、上場会社とその株主との間の継続的な対話と合意形成を通じて確立されることが求められる。その一方で、上場会社の株式は証券市場において不特定多数の投資者による投資の対象となる以上、一般株主の利益保護の観点から、すべての上場会社が当然に備えるべきコーポレート・ガバナンスに係る枠組みの整備も同時に求められるというべきであり、かつ、それは客観的に理解されやすい形で提供される必要がある。

　独立役員制度は、以上のような意義を有するものである。

独立役員に期待される役割

> 　独立役員には、上場会社の取締役会などにおける業務執行に係る決定の局面等において、一般株主の利益への配慮がなされるよう、必要な意見を述べるなど、一般株主の利益保護を踏まえた行動をとることが期待されている。

　一般株主の利益は基本的には上場会社の企業価値の向上により図られるものであり、本来、上場会社のすべての役員が担うべき役割である。このような上場会社において独立役員の設置が求められる理由は、上場会社の一般株主

は、会社の経営に対する影響力が弱く株式の流動性も高いために、会社の経営において、その利益に対する配慮がともすると失われがちであるからである。そして、上場会社に対して確保が求められる独立役員は最低1名以上であり、社外取締役か社外監査役のいずれでもよいことを踏まえれば、独立役員には、上場会社の意思決定プロセスにおいて、一般株主の利益に配慮する観点から、発言機会を求め、必要な問題点等の指摘を行い、そうした問題意識が取締役会に出席する他のすべての役員に共有され、そのうえで取締役会などにおける判断が行われるように努めるなど、一般株主の利益保護のために行動することが期待される。

(留意点)
➢ 独立役員は、上記の期待される役割を果たすにあたり、例えば次のような点を考慮した適切な判断を行うことが望まれる。

- 上場会社の業務執行に係る決定等が、その会社の事業目的の遂行及び企業価値の向上という視点からみて合理的なものであるかどうか。特に、一般株主の利益に対する配慮が十分に行われているか。
- 業務執行に係る決定等を独立役員として適切に評価するために必要な情報が、あらかじめ十分に提供されているか。
- 業務執行に係る決定等の目的、内容及び企業価値に与える影響が、正確、適切に開示されるよう工夫されているか。

➢ 独立役員は、会社法の定める社外取締役又は社外監査役の権限を適切に行使して、一般株主の利益保護に努めることが望まれる。

※ 一般株主の利益保護とは、他の利害関係者との利害調整を要する局面において、他の利害関係者の利益を考慮することを排除するものではない。

※ 一般株主の利益保護のために独立役員がとるべき対応は、企業不祥事

を未然に防止することや、過度のリスクを伴う行動を牽制することだけではない。業務執行に係る決定等の局面において、企業価値の向上を実現するために、相応の行動をとることを促すような発言を行うことも含まれうる（なお、独立役員が監査役である場合には、会社法上の権限との関係で、取締役とは異なる面がありうる）。

➢ 独立役員には、平常から、一般株主の声や期待に対する感度を高く保つように努めることが望まれる。

　※　このことは、個々に株主の意見を直接聞くことまでをも意味するものではない。

➢ 独立役員には、平常から、上場会社の他の役員、業務執行者との間の円滑なコミュニケーションを保つよう配慮することが望まれる。

　※　以上に述べた一般株主の利益保護について、独立役員がその役割を適切に果たすためには、上場会社の他のすべての役員、業務執行者においても、独立役員に期待される役割を十分に理解し、独立役員制度が機能するための体制を整備すること（独立役員への適時適切な情報伝達体制の整備、社内部門との連携、補助する人材の確保など）が不可欠である。

以　上

2 関連条文

【有価証券上場規程】（抄）

(独立役員の確保)

第436条の2　上場内国株券の発行者は、一般株主保護のため、独立役員（一般株主と利益相反が生じるおそれのない社外取締役（会社法第2条第15号に規定する社外取締役であって、会社法施行規則（平成18年法務省令第12号）第2条第3項第5号に規定する社外役員に該当する者をいう。）又は社外監査役（会社法第2条第16号に規定する社外監査役であって、会社法施行規則第2条第3項第5号に規定する社外役員に該当する者をいう。）をいう。以下同じ。）を1名以上確保しなければならない。

2　独立役員の確保に関し、必要な事項については、施行規則で定める。

(独立役員の構成)

第445条の4　上場内国株券の発行者は、独立役員に取締役会における議決権を有している者が含まれていることの意義を踏まえ、独立役員を確保するよう努めるものとする。

(独立役員が機能するための環境整備)

第445条の5　上場内国株券の発行者は、独立役員が期待される役割を果たすための環境を整備するよう努めるものとする。

(独立役員等に関する情報の提供)

第445条の6　上場内国株券の発行者は、独立役員に関する情報及び会社法施行規則第2条第3項第5号に規定する社外役員の独立性に関する情報を株主総会における議決権行使に資する方法により株主に提供するよう努めるものとする。

2 関連条文

【有価証券上場規程施行規則】（抄）

(独立役員の確保に関する取扱い)

第436条の2　規程第436条の2第2項に規定する独立役員の確保については、次の各号に定めるところによる。

(1)　上場内国株券の発行者は、独立役員に関して記載した当取引所所定の「独立役員届出書」を当取引所に提出するものとする。

(2)　上場内国株券の発行者は、前号に規定する「独立役員届出書」を当取引所が公衆の縦覧に供することに同意するものとする。

2　上場内国株券の発行者は、前項に規定する「独立役員届出書」の内容に変更が生じる場合には、原則として、変更が生じる日の2週間前までに変更内容を反映した「独立役員届出書」を当取引所に提出するものとする。この場合において、当該上場内国株券の発行者は、当該変更内容を反映した「独立役員届出書」を当取引所が公衆の縦覧に供することに同意するものとする。

(上場承認時の提出書類)

第211条

1～3　略

4　規程第204条第12項第1号に規定する施行規則で定めるコーポレート・ガバナンスに関する事項とは、次の各号に掲げる事項をいう。ただし、第5号にあっては、新規上場申請者が内国株券の発行者である場合に限る。

(1)～(4)　略

(5)　独立役員の確保の状況（独立役員として指定する者が、次のaからeまでのいずれかに該当する場合は、それを踏まえてもなお独立役員として指定する理由を含む。）

　　a　当該会社の親会社又は兄弟会社（当該会社と同一の親会社を有する他の会社をいう。以下同じ。）の業務執行者等（業務執行者（会社法施行規則（平成18年法務省令第12号）第2条第3項第6号に規定する業務執行者をいう。以下同じ。）又は過去に業務執行者であった者をい

う。以下同じ。）
- b 当該会社を主要な取引先とする者若しくはその業務執行者等又は当該会社の主要な取引先若しくはその業務執行者等
- c 当該会社から役員報酬以外に多額の金銭その他の財産を得ているコンサルタント、会計専門家又は法律専門家（当該財産を得ている者が法人、組合等の団体である場合は、当該団体に所属する者及び当該団体に過去に所属していた者をいう。）
- d 当該会社の主要株主（当該主要株主が法人である場合には、当該法人の業務執行者等をいう。以下同じ。）
- e 次の(a)又は(b)に掲げる者（重要でない者を除く。）の近親者
    - (a) aから前dまでに掲げる者
    - (b) 当該会社又はその子会社の業務執行者等（社外監査役を独立役員として指定する場合にあっては、業務執行者でない取締役若しくは業務執行者でない取締役であった者又は会計参与若しくは会計参与であった者を含む。）

(6) 略

【上場管理等に関するガイドライン】（抄）

5. 上場会社が規程第4章第4節第1款の規定に違反した場合における規程第508条第1項の規定に基づく公表及び規程第509条の規定に基づく上場契約違約金の徴求の要否の判断は、次の(1)から(8)までに掲げる区分に従い、当該(1)から(8)までに掲げる事項のほか、違反の内容、当該違反が行われた経緯、原因及びその情状並びに当該違反に対して当取引所が行う処分その他の措置の実施状況その他の事情を総合的に勘案して行う。

(1)～(3) 略

(3)の2 規程第436条の2の規定

施行規則第436条の2の規定に基づき上場内国株券の発行者が独立役員として届け出る者が、次のaからeまでのいずれかに該当している場合にお

けるその状況
    a 当該会社の親会社又は兄弟会社の業務執行者
    b 当該会社を主要な取引先とする者若しくはその業務執行者又は当該会社の主要な取引先若しくはその業務執行者
    c 当該会社から役員報酬以外に多額の金銭その他の財産を得ているコンサルタント、会計専門家又は法律専門家(当該財産を得ている者が法人、組合等の団体である場合は、当該団体に所属する者をいう。)
    d 最近においてaから前cまでに該当していた者
    e 次の(a)から(c)までのいずれかに掲げる者(重要でない者を除く。)の近親者
      (a) aから前dまでに掲げる者
      (b) 当該会社又はその子会社の業務執行者(社外監査役を独立役員として指定する場合にあっては、業務執行者でない取締役又は会計参与(当該会計参与が法人である場合は、その職務を行うべき社員を含む。以下同じ。)を含む。)
      (c) 最近において前(b)に該当していた者

資料編

3 上場会社コーポレート・ガバナンス原則

(2009 年 12 月 22 日改訂版)

コーポレート・ガバナンスは企業統治と訳され、一般に企業活動を律する枠組みのことを意味する。

およそ上場会社の企業活動は、収益を上げ、株主にとっての企業価値を高めることを主要な目的として行われるが、上場会社がそうした成果を継続的に挙げ続けることを期待するためには、企業活動を律する枠組み、即ちコーポレート・ガバナンスを通じて経営をそのように動機付け、あるいは監視することが欠かせない。

すなわち、上場会社にとってコーポレート・ガバナンスが有効に機能することは、継続的に企業価値を高めていくための極めて基本的な要請であり、そのような環境を整えることがコーポレート・ガバナンスの基本的な目的である。

現代の経済社会における企業の利潤追求活動は、多様な利害関係者（株主又は投資者・経営者・従業員・取引先・債権者・地域社会など）との複雑な利害調整なしには成立し得ない。企業活動が広域化する中では異なる文化や社会の価値観をも考慮に入れる必要が高まっており、企業の利潤追求活動が、市場原理に則り公正かつ透明に、株主・投資者はもとより経済社会全体に対して説明可能なものとして、社会的責任を果たしながら遂行されることが必要となりつつある。コーポレート・ガバナンスにはこれらすべての利害関係者との関係のあり方が影響を与えるが、資本市場の視点から見ると特に中核的なものは、株主（又は潜在的な株主としての投資者）と経営者との関係である。

なぜなら、会社の業務執行は経営者（代表取締役、業務執行取締役、代表執行役、執行役等）の広大な権限に委ねられ、実行されるが、その権限は究極的

には、資本の出し手であり、通常は最終的なリスクの負担者である株主の信任に基づくものだからである。

　株主は通常、会社の価値の最大化を目的として、経営者を選任し、監督し、動機付けるための権限を、みずから選任する取締役又は監査役に大きく委ねている。経営者は、取締役会によって選任されて日常的な業務執行の権限を委ねられ、取締役会・監査役（会）の監督下にあることを前提として広大な執行権限を正当に行使し得る。取締役会・監査役（会）は株主によって選任され、以上のような役割について、忠実に果たす義務、善良なる管理者としての注意義務を会社と株主に対して負っている。

　これらはいずれも株主と経営者との関係を律するための枠組みであり、これらをいかにして有効に機能させるかということが、コーポレート・ガバナンスの中核的な問題である。

　上場会社のコーポレート・ガバナンス、すなわち株主と経営者の関係の規律付けを中心とした企業活動を律する枠組みには、様々な機能を果たすことが期待されているが、その中でも重要なのは次の点である。まず、株主の権利・利益が守られ、平等に保障されることが第一に重要である。次に、役割を増す株主以外の利害関係者について権利・利益の尊重と円滑な関係の構築が会社の価値向上には欠かせない。そして、これらすべての利害関係者の権利・利益が現実に守られるために、適時適切な情報開示によって企業活動の透明性が確保される必要がある。最後に、重要な鍵を握る取締役会・監査役（会）が期待される役割を果たすことが必要である。

　コーポレート・ガバナンスに期待されるこれらの機能は、コーポレート・ガバナンスに関して現実に会社が採用する具体的な施策によって実現されるが、一般にコーポレート・ガバナンスを充実させるとされる具体的な施策を集めた特定のモデルがすべての企業に適するとは限らないし、それぞれの企業にあった多様な施策の組み合わせがありうる。問題は、具体的な施策の採用の有無というよりも、それぞれの企業において、コスト・ベネフィットの関係を勘案しながら、これらの機能をもっともよく実現すると思われる方法が模索さ

れ、実際に効果を上げることである。

　こうした企業の取組みや情報開示等の状況を見て、株主、投資者が投資判断、議決権行使等を行い、それを踏まえて各企業が自らの取組みをチェックし改善していく、というのが、市場経済体制の基本である。

　なお、本原則は上場会社を対象とするものであるが、近年における持株会社等を用いた企業のグループ化の進展に伴い、上場会社のコーポレート・ガバナンスは、親会社単体だけではなく上場会社の企業集団全体において実現されることが重要となっており、上場会社においては、企業集団全体としてコーポレート・ガバナンスが有効に機能するよう取り組むことが求められている。

　以下では、上場会社のコーポレート・ガバナンスに期待される機能を踏まえて、コーポレート・ガバナンス原則として共通する基本的な要素と留意点を掲げる。

1　株主の権利

　上場会社のコーポレート・ガバナンスには、株主の権利を保護することが期待されている。

　コーポレート・ガバナンスは株主を起点として構成されている。会社には株主以外にも従業員・債権者・取引先・顧客・地域社会など様々なステークホルダー（利害関係者）が存在し、それらとの円滑な関係なしには企業活動から継続的に利潤を生み出すことはできないが、資本市場の視点から見ると、コーポレート・ガバナンスの要は、資本の提供者たる株主である。
　株主がコーポレート・ガバナンスの要としての役割を果たすために、株主には自ら株主総会に参加し、取締役・監査役などの機関の選任・解任に関する事項や会社の基礎的変更に関する事項などの会社の基本的意思決定について議決する権利及び利益配当をはじめとする種々の利益分配を受ける権利という

基本的な権利に加え、代表訴訟提起や取締役の違反行為差止の権利など、会社に対する特別な権利が認められている。法によって認められたこれらの権利が実質的に保障されることは、株主が自らの権利を自覚することと共にコーポレート・ガバナンスを機能させるための大前提である。

○ 留意点

上場会社が株主の権利の保護を図るために留意を要する点は、以下のとおりである。

① 株主の基本的な権利の尊重
  a 議決権の尊重
    ⅰ 株主が議決権を的確に行使し得る環境の整備
    ⅱ 株主が株主総会に参加しやすい環境の整備
    ⅲ 株主総会における株主との双方向のコミュニケーションの実現
  b 株主への利益還元の機動的な実施

② 既存株主の権利の侵害への配慮
  a 特定株主が株式所有比率に比例しない過度な支配力を持ち、他の株主の権利が実質的に侵害され得る状況を把握している場合における株主への情報開示の充実
  b 会社の所有構造を変動させ、又は将来的に変動させ得る行為を行う場合の公平性の確保・情報開示の充実

2 株主の平等性

上場会社のコーポレート・ガバナンスには、少数株主や外国人株主を含めて株主を平等に扱うことが期待されている。

同一種類の株主が持分に応じて平等に扱われることは、コーポレート・ガバ

ナンスの重要な要素である。経営者、取締役・監査役、支配株主などは、その立場を濫用して自己の利益のために行動する機会を持ち得るが、そうした行為は少数株主はもとより投資者に対しても不利益を与える場合がある。投資者にとっては、これら会社に近い関係にある者による会社財産や内部情報の誤用や不正流用から保護されていることは、資本市場に対する信頼を維持する上でも不可欠である。

○ 留意点

上場会社が株主間の平等性を保つために留意を要する点は、以下のとおりである。

① 役員、職員や支配株主などの会社関係者によるその立場を濫用した会社や株主の本来の利益に反する取引の防止体制の整備

② 会社関係者が会社や株主の本来の利益に反する恐れのある取引を行った場合の株主への情報開示の充実

③ 特定の株主に対する特別な利益等の提供の禁止

3 コーポレート・ガバナンスにおけるステークホルダーとの関係

上場会社のコーポレート・ガバナンスには、企業とステークホルダーの円滑な関係の構築を通じて企業価値や雇用の創造、さらに健全な企業経営の維持を促すことが期待されている。

会社が持続的に競争力を維持・向上させ、利潤の追求を通じてその価値を向上させることは株主に共通する主要な関心事であるが、それらはあらゆるステークホルダーの会社に対する資源提供の結果である。株主以外のステークホルダーとの間で、良き協力と適切な緊張に基づく円滑な関係を構築すること

は、企業の長期的な利益に合致する。

○ 留意点

上場会社が株主以外のステークホルダーとの円滑な関係を構築するために留意を要する点は、以下のとおりである。

① ステークホルダーの立場を尊重する企業風土の醸成、社内体制の整備
② ステークホルダーへのステークホルダーに関する重要な情報の適時適切な提供とそのための社内体制の整備

4 情報開示と透明性

上場会社のコーポレート・ガバナンスには、会社の財務状況、業績、所有状況やガバナンスを含むすべての重要事項についての適時適切な情報開示（ディスクロージャー）を保証することが期待されている。

上場会社は企業活動に関して迅速かつ正確な情報開示を行う責務を負っているが、これらは市場における投資者の適切な企業評価のためのものであると同時に、株主の適切な議決権行使のためのものでもある。そのために、株主は、経営者の業務遂行の状況を評価するのに十分な、定期的で、信頼できる、比較可能性のある情報、更には定期的な情報開示の間に生じる重要な事象についてのタイムリーな情報についての開示を必要としている。これらの情報開示は、株主間の平等を期すために同時的に開示される必要があるが、公平な情報開示は、市場に対する投資者の信頼を確保し、内部情報の濫用を未然に防止する上でも重要である。

○ 留意点

　上場会社が適時適切な情報開示を行うために留意を要する点は、以下のとおりである。

① 財政状態や経営成績についての定量的な情報の開示に加え、株主が会社の経営実態をより的確に把握するための定性的な情報開示の充実

② 株主が公平かつ容易に情報にアクセスできる機会の確保

③ 情報の開示に関する適正性・迅速性を確保するための社内体制の整備

5　取締役会・監査役（会）等の役割

　上場会社のコーポレート・ガバナンスには、取締役会・監査役（会）等[※1]による経営の監督を充実させ、取締役会・監査役（会）等の株主に対するアカウンタビリティが確保されることが期待されている。

　※1　取締役会・監査役（会）等とは、取締役会及び監査役（会）を中心とした経営の監督を担う組織をいう。

　コーポレート・ガバナンスの法的な枠組みとしては、監査役設置会社と委員会設置会社の選択が認められているが、いずれの場合でも取締役会・監査役（会）等には、自らの戦略指導の下で経営者[※2]の業務執行が適正かつ効率的に行われているかを評価し、これを経営者の選解任や報酬に反映するなどの方法で、会社と経営者の利益相反を防止し、適切な監督機能を発揮することが期待されている。

　あわせて、取締役会・監査役（会）等には、企業倫理・法令遵守に関するシステムを適切に機能させることや、株主以外のステークホルダーに対して十分に注意を払い公正に取り扱うことも期待されている。

　※2　経営者とは、代表取締役及び業務執行取締役又は代表執行役及び執行役その

他いわゆる「執行役員」のような経営に実質的に関与する者として会社が認識している者をいう。

○ 留意点

上場会社が取締役会・監査役（会）等の経営に対する監督機能や株主に対するアカウンタビリティを十分に発揮するために留意を要する点は、以下のとおりである。

① 取締役会・監査役（会）等による経営のモニタリング[※3]
    a　経営者による業務執行について客観的な判断を下すのに適した取締役会・監査役（会）等の体制

    b　取締役会・監査役（会）等が経営の監督に責任をもって臨む体制の整備

    c　取締役会・監査役（会）等が業務執行状況の適法性・妥当性について合理的な判断を下すのに必要な内部統制等の体制の整備

  ※3　監査役（会）による経営のモニタリングにおいては、監査役の機能強化の観点から、①監査役監査を支える人材・体制の確保（このための内部監査・内部統制部門との連携）、②独立性の高い社外監査役の選任及び③財務・会計に関する知見を有する監査役の選任等の措置を講ずることが含まれる。

② 経営者と会社の利害を適切な方法で積極的に一致させることによる会社の価値の最大化に向けた経営者の動機づけ

③ 善良なる管理者としての注意義務・忠実義務の履行状況の確保や違法行為・社会通念上不適切な行為の阻止が可能な取締役相互の監視体制の整備

(備考) 取締役会・監査役（会）等の体制について

　多くの上場会社にとって、株主・投資家等からの信認を確保していく上でふさわしいと考えられるコーポレート・ガバナンスのモデルとしては、下記の3つの類型が提示されているところである。
　しかしながら、本原則の前文にもあるとおり、コーポレート・ガバナンスのあるべき姿は、個々の企業の成り立ちや規模、業務の内容等により多様であって、一律に論じることには困難な面があり、現実には、様々なガバナンス体制が存在している。
　したがって、上場会社各社は、それぞれのガバナンス体制の内容とその体制を選択する理由について十分な開示を行うことが求められる。

・金融審議会金融分科会「我が国金融・資本市場の国際化に関するスタディグループ報告」（平成21年6月17日公表）で提示された3つのモデル

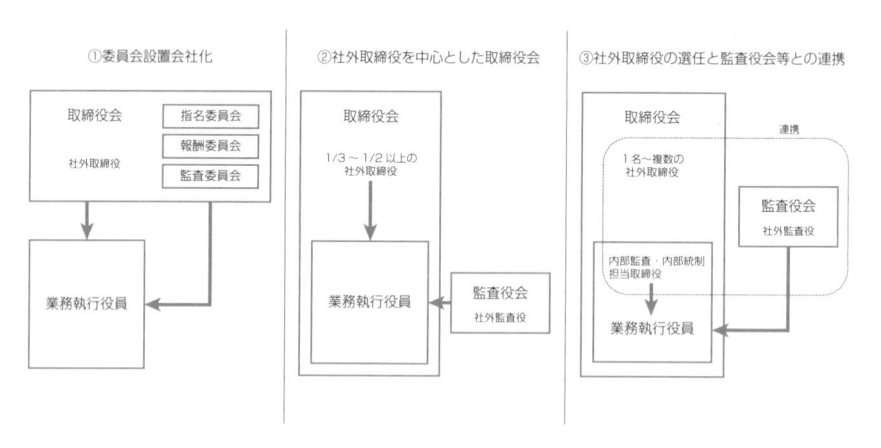

①委員会設置会社化

取締役会
　社外取締役
　指名委員会
　報酬委員会
　監査委員会
↓
業務執行役員

②社外取締役を中心とした取締役会

取締役会
　1/3～1/2以上の社外取締役
↓
業務執行役員 ← 監査役会
　　　　　　　　社外監査役

③社外取締役の選任と監査役会等との連携

取締役会
　1名～複数の社外取締役
　内部監査・内部統制担当取締役
　　　　　　　　　連携
　　　　　　　監査役会
　　　　　　　社外監査役
↓
業務執行役員

ハンドブック　独立役員の実務

2012年11月10日　初版第1刷発行
2024年4月10日　初版第9刷発行

監修者　神田秀樹
編著者　株式会社東京証券取引所
発行者　石川雅規

発行所　株式会社 商事法務
〒103-0027 東京都中央区日本橋 3-6-2
TEL 03-6262-6756・FAX 03-6262-6804〔営業〕
TEL 03-6262-6769〔編集〕
https://www.shojihomu.co.jp/

落丁・乱丁本はお取り替えいたします。　　　印刷／㈲シンカイシャ
©2012 Hideki Kanda　　　　　　　　　　　Printed in Japan
Shojihomu Co., Ltd.
ISBN978-4-7857-2028-5
＊定価はカバーに表示してあります。

JCOPY＜出版者著作権管理機構 委託出版物＞
本書の無断複製は著作権法上での例外を除き禁じられています。
複製される場合は、そのつど事前に、出版者著作権管理機構
（電話 03-5244-5088、FAX 03-5244-5089、e-mail: info@jcopy.or.jp）
の許諾を得てください。